Eatrip

北海道・おいしい一人旅

案内人
絵本作家
そら

HBC「Eatrip」製作班 編

北海道新聞社

おいしくて、楽しい旅を！

今思えば、美瑛からの帰り道、助手席に座っていたカメラマンの藤倉翼に「あの畑は何の畑？」と聞いたのが番組の始まりでした。

麦の穂を揺らす風、真っ白なジャガイモの花に覆い尽くされた丘、見上げるほどに背を伸ばしたトウモロコシ畑などなど、およそ北海道らしいといわれる風景の多くが「食」にまつわる人の営みが育んだものだと再認識した瞬間でした。ならばここで足を止め、その土地の人たちから話を聞けたなら、その旅はどんなに豊かになるだろうと考えたわけです。

では、なぜ一人旅なのか。賑やかな家族や友人たちとの旅じゃいけなかったのか、そんな風に思う方もいるかもしれません。

それについては、函館の放送回で僕の考えをナレーションに託しました。ここに記しておきます。

「一人旅は不思議だ。いつもなら気がつかないような人の気配に敏感になる。孤独とはいっても寂しさを感じるわけではない。自分を見つめるとか、いろんないい方があるのだろうが、自分以外の誰かの存在を通して、どこか客観的に自分自身の存在に気がつくように思うのだ」

自分を見つめると同時に、周りの人たちのことも見えてくる、そんな旅をしてほしいと思ったのです。

自分以外の誰かを思う気持ちが増幅されたりするのが旅の良さなのかもしれません。遠く離れていればいるほど、その思いは強くなったりするのでしょう。

この旅では、インスタントカメラで心に残るシーンを撮影し、挿し絵とともにスクラップブックに挟むという、そらさんのアイデアを取り入れました。彼女らしい旅の楽しみ方も、まとめてみるとそこに何か新しい意味が生まれたようにも見えてきて不思議です。

なお、畑に入って生産者の皆さんに話を聞いたり人物自体を取り上げているなど、テレビ番組の取材だからこそ体験できたこともあり、一部読者の方が訪問できないスポットも取材しています。そのため、書籍化にあたっては掲載に悩む場所もありましたが「地域を知る手がかりになるはず」と考え、紹介しています。

旅するあなたに、そして故郷を思う気持ちに、少しでも寄り添いたいと我々スタッフ一同が努力した記録です。

ぜひ良い旅を!

鈴木謙太郎

もくじ

Eatripマップ

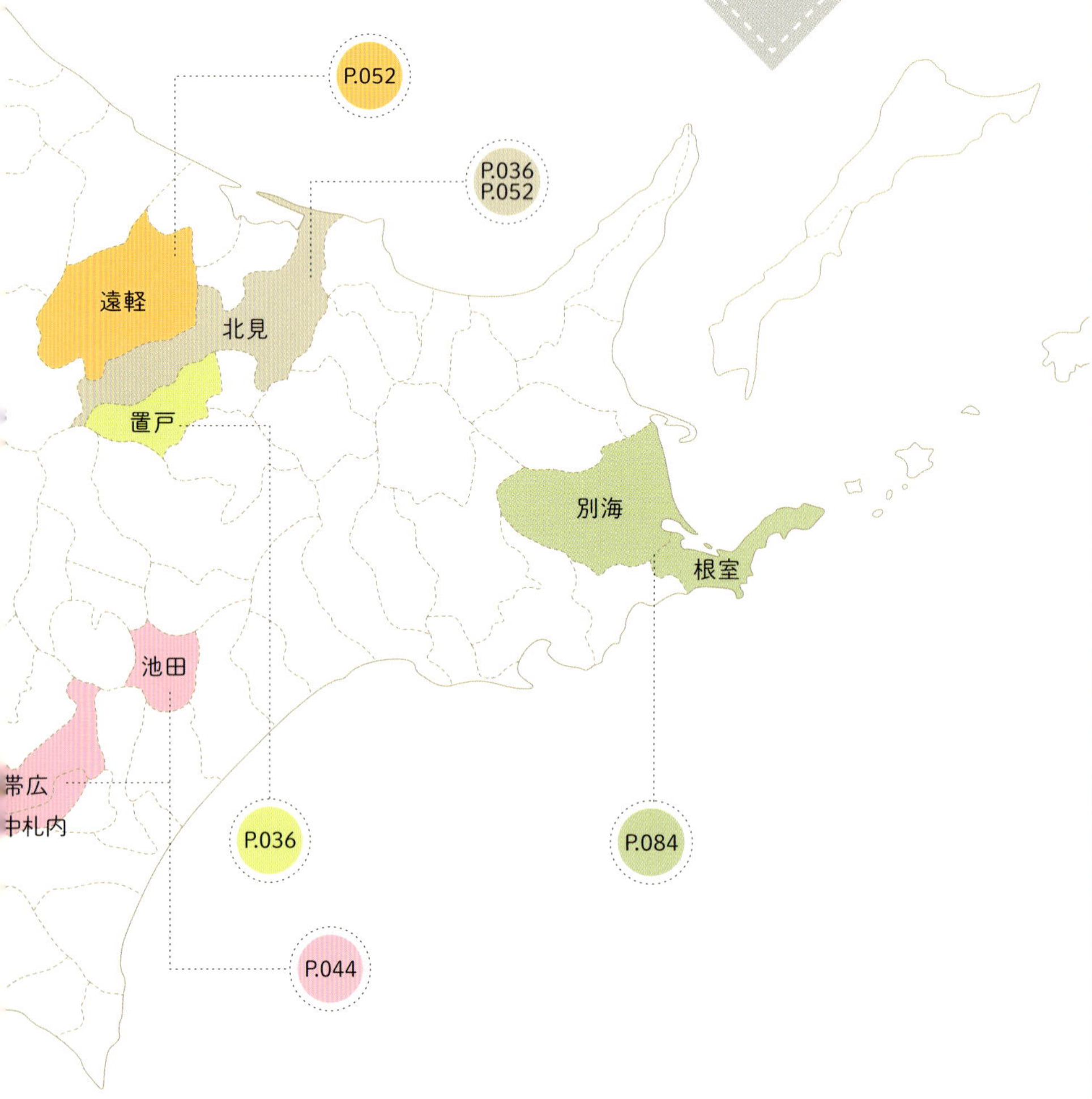

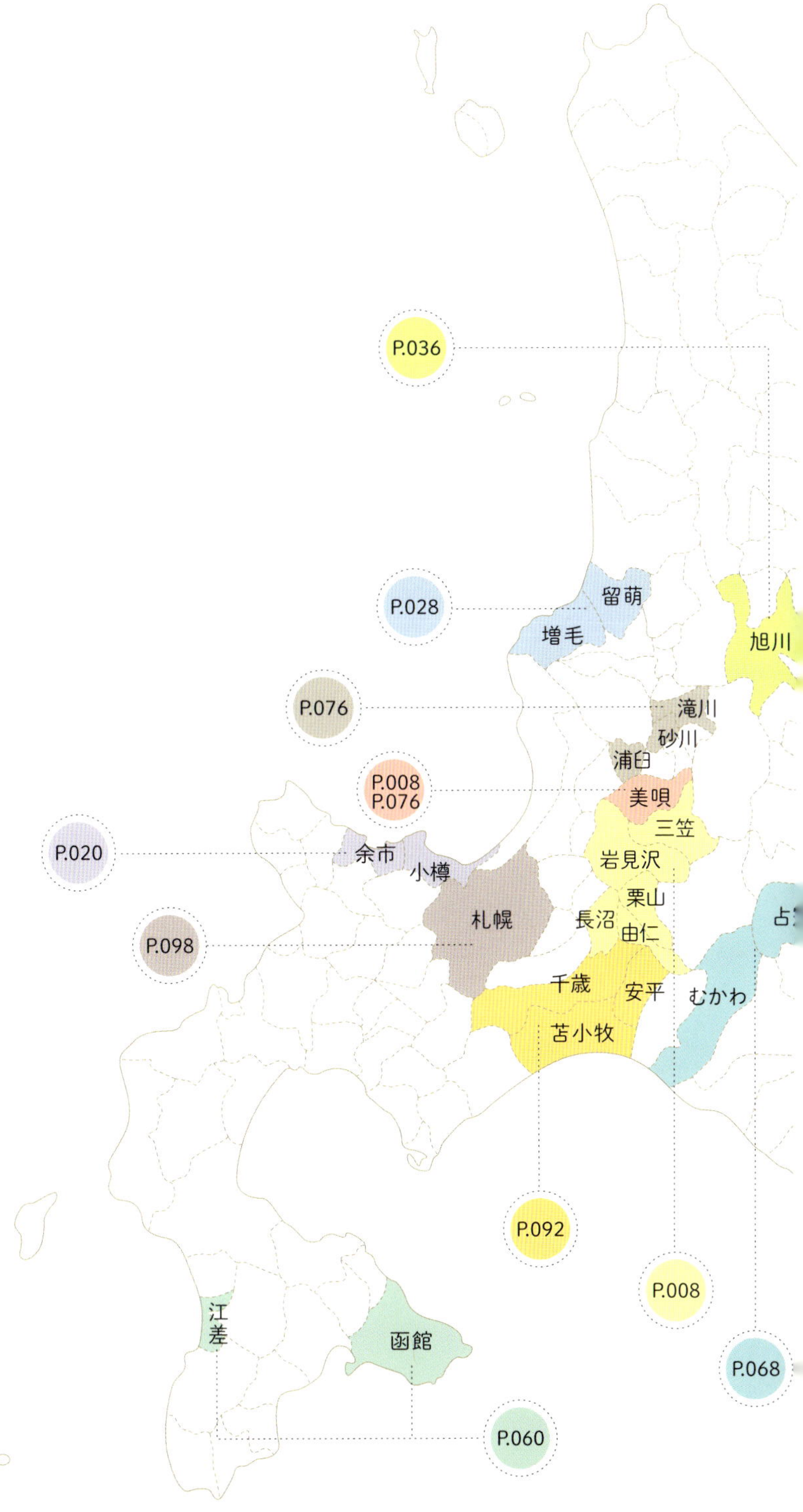
P.036
P.028
留萌
増毛
旭川
P.076
滝川
砂川
浦臼
P.008
P.076
美唄
三笠
P.020
余市
小樽
岩見沢
栗山
長沼
札幌
由仁
P.098
千歳
安平
むかわ
苫小牧
P.092
P.008
P.068
江差
函館
P.060

種蒔きの季節—空知

美唄・三笠・栗山・長沼・由仁・岩見沢

4月下旬。

美唄の米農家に嫁いだ友人から「田植えが始まるよ」と連絡をもらい、見に行くことにしました。水を張った田んぼが何面もあって、そこに空が映り込み白い雲が水面に浮かんでいるように見えます。天地がつながっているようであまりに美しい風景に、旅のスタートはここからと決めました。

露地栽培のアスパラが芽を出し始め、繁忙期を迎えた農村で、時間を割いてお話を聞かせてくれた皆さんには感謝の気持ちでいっぱいです。

石狩川の流れに沿って広がる田園風景を突き抜けるように走る高速道路からは見えなかった空知の風土。そこには、代々続く畑や山を守り、伝統の料理や酒を造り継ぐ人たちがいました。

札幌から小一時間、旅の気分が十分に味わえる場所を見つけました。

空知地方
流域面積・全国2位の石狩川の中流域。かつて泥炭地だった土地は客土や治水により、日本最大級の水田地帯に

長栄堂　大正2年創業の老舗菓子店。美唄産クルミを使ったくるみ餅を買えるのはここだけ。美唄市大通東1条南1丁目1-27、電話 0126-63-2011

安田侃彫刻美術館 アルテピアッツァ美唄　美唄出身の世界的彫刻家・安田侃さんが学校跡地を再生し、今もなお創り続ける美しい野外彫刻美術館

ファームレストラン ハーベスト
丘の上の農園直営レストラン。別棟のショップのアップルパイも大人気。長沼町東4線北13、電話 0123-89-2822

寿楽　うちやま農園のアスパラなど地元食材を使うイタリアン。美唄市西2条南2丁目2-1、電話 0126-62-6671

阪農場
米農家のご主人が自宅ガレージを改装して造るドブロクは風味よく大人気。長沼町西2線北12、電話 0123-89-2026

三笠市立博物館　天然記念物指定の「エゾミカサリュウ」の化石をはじめ、国内最大級のアンモナイトの展示が圧巻

リトルロックヒルズ
イギリスから移築した古民家やレストランを併設する庭園。岩見沢市栗沢町上幌684-2、電話 0126-44-2858

父から受け継いだクルミの森を大切に守り続けるおばあちゃんと出会った

美唄市街地を見下ろす丘に、220本のカシグルミの木。

「千本くらいあったんだけどね、間引いたの」と亡き父からクルミの木を譲り受けた上村征子さん。当初は品質が安定せず苦労したそうですが、信濃くるみで有名な長野県の農学博士の力を借りて、父親も諦めていた苗木の接ぎ木に成功しました。まだ小さなその苗木を前に、満足のいくクルミができるまではやめられないと、上村さんは天国の父に誓うかのように力強くいいます。

上村さんのクルミは美唄市内の長栄堂で「美唄くるみ餅」として販売されています。

「孫が毎年せがむのよ！」
上村さんお手製の柚餅子。コクのあるクルミときび砂糖の甘さがたまらない

家族や親族による総出の収穫は10月の下旬頃。1トンくらいになるらしい
＊上村農園では直売をしていないので、一般の方の訪問は受け付けていません

ルーツはおもてなしの一膳
郷土の味を守る国道沿いの人気店

美唄市街地から日本一の直線道路を10分ほど北上するとドライブイン「しらかば茶屋」が見えてきます。市西部の中村地区では昔、お祝い事があると飼っていた鶏をつぶし、とりめしでもてなすのが習わし。何よりのごちそうだったといいます。

初代の奥様・佐伯良子さんは、代替わりした今でも元気にお店に立ち、私たちを迎えてくれます。１００年続く伝統のとりめしは、細かく刻んだ玉ねぎがほんのり甘く、飽きがこない優しい味付け。おいしさの秘密は丸一日かけて骨と皮からとる鳥がらスープ。

美唄焼き鳥と並ぶ名物、ぜひ食べてみて。

とりめし定食
味噌汁にサラダ、冷や奴、漬物。
ボリューム満点のラーメンとのセットを注文する女性も多い

しらかば茶屋

美唄市茶志内３区
tel. 0126-65-2768
営業時間 11:00 ～ 20:00（冬季は 19:00 まで）
第１・３・５火曜休

広大な畑で育つアスパラ 大自然への謙虚さを胸に、挑戦し続ける

生で食べさせてもらったアスパラは、みずみずしく、コクがあっておいしい

ハウスでは今年は収穫しない苗が茎を伸ばしていました

ちょうど夏アスパラの準備に忙しい畑を訪れました。

内山裕史さんは農家の三代目。父の代にアスパラ農家へ転向し、現在は親子で広大な畑を守っています。内山さんの畑の売りは味がよい露地栽培。しかし天候などに左右されやすいため、6ヘクタールもの広さの畑を維持し続けるのは大変なのだとか。困難なのがわかっていて挑むのはナゼ？とたずねると

「やったことに素直に100%応えてくれないので、もう一度やろうと思うのかもしれないです」

挑戦する姿勢が内山さんを突き動かしているようです。「それは農家の人、みんながそうだと思いますよ」

うちやま農園

美唄市
注文はインターネットで受付
http://www.uchiyamanouen.com

北海道発展の歴史をリードしてきた酒蔵
明治、大正、昭和のバイタリティを知る

栗山町と長沼町をつなぐ道道45号沿いに連なるれんが倉庫。

明治34年にススキノから移転した一万坪の敷地内には、大正までに建設された18棟もの蔵が並んでいます。その大きさは懐かしいというよりどこか外国の町に来たかのように錯覚するほど。最盛期には蔵の建築が間に合わず、蔵人自らでれんがを積んだというエピソードなど、炭鉱に沸く当時の賑わいを彷彿とさせます。現在、蔵人たちの多くは米農家で、冬になると自ら刈り取った酒米に新たな命を吹き込んでいます。

専務取締役の小林精志さんは、杜氏の思いを伝えるスポークスマンとして、様々なイベントを仕掛けている

工場見学の後は、ぜひ試飲を。道産米100% の純米酒など種類も豊富。向かいのそば処の手打ち蕎麦も絶品

小林酒造株式会社 北の錦記念館

栗山町錦 3 丁目 109
tel.0123-76-9292
営業時間 10:00 ～ 16:00（4 ～ 10 月は 17:00 まで）
無休（年末年始を除く）

裏山の実りを一皿に 栗山の豊かな食と四季を 大切な人と味わう

地元や近郊の食材を使った四季の味覚。小林酒造のお酒を合わせて

案内された裏山で、大きな朴の木が花を咲かせていました

栗山の小さな山に抱かれるようにシックな佇まいを見せるのは、滋賀県の老舗料亭で腕をみがいた酒井弘志さんの割烹料理店。

円窓から覗く木々やさりげなく生けられた花、季節のしつらえなど、部屋を満たす重厚な雰囲気…。そうした一つ一つも酒井さんの考える料理人としてのもてなしだといいます。

食材や飾りにもなる山菜や草花は、朝ご主人が裏山でとってきたもの。味わいも、盛り付けでも幸せな気分にさせてくれる季節感を大切にした繊細なお料理に、次は少し年老いた親と訪れたいと思いました。

味道広路（あじどころ）

栗山町湯地 40-35

tel. 0123-73-6677

営業時間 12:00 ～ 14:30 、17:30 ～ 21:00

火曜・第 2 水曜休

馬追高原の裾野に広がる草原に、目を引く素敵な建物。

　個性的な雰囲気に包まれたオーナー、ケイト・ポムフレットさんがにこやかに迎えてくれました。

　ここはナチュラルな風合いを持った食器やオブジェなど、ケイトさんの手による陶器を中心に、自身が世界中から買い付けしてきた無国籍なアートや雑貨などが並ぶギャラリーです。

　土壁の色がオリエンタルな雰囲気のカフェを併設しています。

　リラックスしたムードの中、ケイトさんの器で出されるプレスコーヒーと絶品のケーキに時間が経つのも忘れそう。

どこまでも続く田園風景を行く
目指したのは
イギリス出身の陶芸家のギャラリー

手になじむ感じが心地良いケイトさんの作品。雨をモチーフにしたものが多いのはイギリス出身だから…？

日本語がとってもお上手！

Bennu Gallary & Café

由仁町西三川 722　tel.0123-87-3929
カフェ営業時間 11:00 ～ 18:00
カフェは GW ～ 10 月末まで土・日曜のみ営業
ギャラリーは GW ～ 11 月末まで無休（不定休あり）

山間の道外れの隠れ家的カフェでドイツ料理をいただく

旅先のアルザス地方で出会ったシュークルートガルニ。塩漬けし発酵させたキャベツとソーセージ、ベーコン、塩豚を煮込んだ一皿。自家製の焼きたて食事パンと

近くには有名な温泉リゾートがあるのに、ここを包んでいるのは森のささやきや静けさ。木のぬくもりあふれる古民家の大きな窓から見えるのは、丘の斜面に広がる畑。別世界のようにキラキラしています。

東京でドイツ風カフェを営んでいた清水直樹・直子さんご夫妻が移住してきたのは2013年。ドイツの料理には驚くほど北海道の食材が合うといいます。その日、地元の農家から届く食材を見てからメニューを決めることも多いとか。お二人がヨーロッパで食べ歩いてきた料理をアレンジして提供しています。

日常を一切忘れ、ゆっくりと味わいました。

一軒茶屋 Schwein

由仁町伏見 83-1
tel. 090-4732-0159
営業時間 11:00 ～ 18:00 (L.O.17:00)
火・水曜休　＊冬季は休業

岩見沢発・食のブランド
感度の高い人に送りたい、
新しいお土産

岩見沢近郊や北海道産の食材を使った商品を作るのは、地元のスタッフたち。まさに北海道メイド

種類豊富なディップ。朝食がグレードアップ！

岩見沢インターチェンジを降りてすぐ。ギフトボックスのような四角いモダンな建物が見えてきます。

　今、全国的にその知名度を上げようとしている「NORTH FARM STOCK」の工場とショップ&カフェ。パスタ麺やカラフルなビン詰めピクルス、ディップが並びます。味はもちろん、白が基調のスタイリッシュな店内や商品パッケージが素敵。お土産やギフトの選択肢に加えたい逸品です。2階は周囲の景色がよく見渡せるカフェスペースで、スイーツメニューが人気です。ドライブの帰り道に立ち寄ってみて。

NORTH FARM STOCK SHOP & CAFÉ

岩見沢市志文町 292-4
tel.0126-35-5251
営業時間 10:00 ～ 18:00（カフェは L.O.17:30）
無休（年末年始を除く）

炭鉱の町を見守ってきた お菓子屋さんの ココナッツロールは故郷の味

ボリュームはあるが、軽い食感でぺろりといけるココナッツロール。ココアを使った「チョコレートココナッツロール」もある

店内に広がるローストされたココナッツの香り

三笠市役所の近くにある、昭和5年創業の老舗のお菓子屋さん。かつて炭鉱があった幌内地区から同43年頃に現在の場所に移転しました。

一番人気のココナッツロールは、誕生から約40年になる三笠名物。カットした甘さ控えめのロールケーキを、コクがありながらしつこくないバタークリームと、一時間かけてローストした香ばしいココナッツパウダーで包んでいます。

ゴールデンウィークや夏休みになると、かつて町で暮らしていた人たちが訪れ、まとめ買いすることも多いとか。

優しい甘さとサクサクの食感は故郷の味として、多くの人の記憶に刻まれているようです。

長栄堂稲葉菓子舗

三笠市幸町 7-12
tel. 01267-2-2076
営業時間 8:30 ～ 18:30
火曜休

明治12年に開鉱した北海道初の近代炭鉱・官営幌内炭鉱を皮切りに、空知管内には次々と炭鉱ができました。その後、空知は国内最大の産炭地として1950年代にピークを迎えます。

炭鉱の発展に伴い、石炭を運搬するための鉄道などのインフラも整備され、多くの労働者が集まり、町が形成され発展した痕跡が今も残っています。

岩見沢駅の近くにある「そらち炭鉱の記憶マネジメントセンター」では、空知を中心とする炭鉱遺産などの情報や資料、観光情報などが用意されています。併設の趣きある石蔵では展示や催事なども開催。

日本の発展を支えた
エネルギー産業の痕跡
今も残る大規模炭鉱跡を見つめる

炭鉱遺産など石炭の歴史を伝える炭鉱メモリアル森林公園。美唄市の旧三菱美唄炭鉱施設跡地を整備し一般公開。迫力のある大きな機械を間近で見ることができる。美唄市東美唄町、開園期間は５～10月。美唄市総合戦略室秘書広報課 広報情報係 電話 0126-63-0113

1971年に閉山した旧住友奔別炭鉱の立坑櫓。1960年の創業開始時は東洋一の立坑と呼ばれていた
※私有地のため、敷地内へは立ち入り禁止

そらち炭鉱の記憶マネジメントセンター

岩見沢市１条西４丁目３
tel. 0126-24-9901
開館時間 10:30 ～ 17:30
月・火曜休（祝日の場合は翌日休）

初夏の日本海の町Ⅰ

小樽・余市

初夏の気配がしてきた頃、札幌の隣町、世界中から訪れる観光客で賑わう小樽へ向かいました。

　数えればきりがないほど名所のある町ですが、おなじみの観光ルートとは少し違うお店や人を紹介してもらい、その魅力を再発見したのでした。

　今回の目的は、小樽の日常にお邪魔すること。

　地元の人で賑わう小さな屋台で、隣り合った人たちとグラスを傾けたり、可愛らしいカフェや素敵なガラス工房を訪れたり、新しい小樽の見どころが生まれてきそうな、爽やかな息吹が感じられました。

　たくさんのおいしいものをいただきましたが、山の裾野が海岸線まで迫るこの地域には、日本海からの潮風の恩恵を受け、海産物だけでなく山の恵みもおいしさを増しているような気がしました。

おたる屋台村レンガ横丁
サンモール一番街の入り口、ビルの隙間に地元民が集まるプレハブ屋台が軒を並べる

小樽港厩町岸壁　小樽を海側から見渡せる眺望スポットとして有名。夜景の撮影も。大きな石油タンクの近く。小樽市手宮1丁目

祝津漁港
おたる水族館へ向かう道道454号沿いに見える港町風情。日本海の豊富な魚介が揚がる港

和光荘　旧・北の誉酒造の経営者・野口邸として、大正11年に建設した歴史的建造物。小樽市潮見台2丁目4-1

vivre sa vie+mi-yyu
築約110年・重要文化財指定の建物を利用した雑貨屋さん。小樽市色内2丁目4-7、電話0134-24-6268

小樽梁川通り　小樽でもっとも歴史のある商店街の一つ。大正から昭和初期は大変な賑わいだった。JR小樽駅より徒歩3分

KIM GLASS DESIGN
北見出身の木村直樹さんのガラス工房。制作体験も可。小樽市祝津3丁目8、電話0134-61-1213

潮風を受けて育つ小樽地鶏は町の人たちの夢を運ぶ新名物

小樽市中心部から西へ。小樽地鶏本舗・代表の松下敏彦さんが海の見える丘に建つ二階建ての鶏舎を案内してくれました。

「鶏舎の窓を開けると、50メートル先の断崖絶壁からミネラルたっぷりの浜風が吹き込みます。ここの鶏は平飼いで自由にのびのびとストレスなく育っています」

そうした環境で生まれ育った鶏の肉は、まろやかで臭みがないといいます。しかも繁殖から出荷まで一貫した安心の生産体制。卵も濃厚な味わいです。この地鶏を小樽の魅力の一つに育て、地域の活性化につなげていきたいという松下さん。歴史と伝統ある港町に生まれた新しい名物・小樽地鶏は、おたる屋台村レンガ横丁の直営店「鳥ま津」や市内の飲食店などで食べることができます。

小樽の純系地鶏。秋田の比内鶏、横斑プリマスロック、ロードアイランドレッドの3種を掛け合わせ、7年の歳月をかけて完成

首の部分をいただく。うま味がすごい！　胸肉はジューシー、もも肉はぷりぷり

小樽地鶏本舗直営店 鳥ま津

小樽市稲穂 1-4-15（おたる屋台村レンガ横丁内）
tel. 090-8706-2211
営業時間 18:00 ～ 23:00
月曜休

かつてニシン漁で栄えていた明治の終わりごろ、祝津の海岸線沿いに建てられた1軒の番屋があります。

　この番屋の主であった茨木家は、かつての「祝津の三大漁家」の一つ。番屋では出稼ぎの漁師たちが集団で生活をしていました。ニシン漁の衰退とともに利用されることはなくなり崩壊寸前でしたが、2010年に修復され、イベントや地域の集会場としても使われています。

　予約をすると地元でホタテ漁を営む漁師のお母さんたちが、とれたてのホタテ料理を提供してくれます。

貴重な文化財でいただく 浜のお母さん手作りの漁師めし

「ほかにどんなお料理を作るんですか」「フライや佃煮とか…」。加藤明子さん（左）と佐野信子さん

漁師めしはホタテづくし！

茨木家中出張番屋（いばらぎけなかでばりばんや）

小樽市祝津３丁目165
tel. 0134-26-6160
＊冬季は休業

日本のワインの里を目指し
余市で新たに興したワイナリー

レストランでは近隣の野菜や魚介を使ったお料理がワインと一緒に食べられる

おすすめしてもらったドルンフェルダーを購入

オーナーの落希一郎さんは、新潟で人気のワイナリーを経営していましたが、ワイン造りを志す仲間を増やし、余市・仁木を一大ワイナリー地帯にしたいと、広大なブドウ畑に醸造所とレストランを併設したワイナリーを開きました。

　余市を選んだ理由は、開拓期から続く果樹栽培のノウハウと長い日照時間。

　ピノ・ノワールや日本では珍しいジャーマン・カベルネ種、シャルドネ、ケルナーなどを植え、全て余市産ブドウで醸造。数年かけて畑を現在の2倍に広げる予定とか。

「完成は何年後？」

「私のお通夜の前日（笑）、あと6年後ぐらいかな」

OcciGabi Winery & Restaurant

余市町山田町 635
tel. 0135-48-6163
営業時間 11:00〜17:00（L.O.15:30）/ 17:00〜20:00（L.O.18:30）
無休（ディナーは前日までの予約）

お昼過ぎ、小樽の商店街の一角に財布を持った女性たちが集まり始めました。

小樽の隣町・赤井川村で自給用の畑を営むミリケン恵子さんが、近所の農家が育てたものと一緒に、その日にとれた野菜を運んでくるのを待っているのです。新鮮で安心という評判が広がり、幅広い年齢層の人が買いにやってきます。

ちなみに店名の「CSA」とは、「地域が支える農業」という意味。ミリケンさんは自身の活動を「おせっかい」といいます。近隣の農村でとれた野菜を食べてもらうことで流通の無駄を省き、食を通して都市と農村の関係を強くしていくことを目指しているのです。

都市の暮らしと農村を直接つなぐ 食を通したコミュニティ作り

移動販売車から降ろされたカゴには青々とした野菜。オカヒジキなどの珍しい野菜も

野菜についての質問のほかに、料理の仕方などの情報交換としての場にも

ひとりCSAショップ

小樽市花園2丁目11-1　妙見市場内
毎週金曜営業
＊移動販売は毎週月・水曜（冬季は休業）
tel. 080-6085-9063（みみずく舎）

朝里の森に惚れて作ったカフェ

小腹が空いているなら、キッシュがおすすめ

洒落た内装。お花なども素敵にあしらわれている

お話を聞いた新田洵司さんの奥様が切り盛りするカフェは、2015年オープンの新しいお店。結婚後、故郷の小樽に戻った新田さんは、隣のキャンプ場に勤務します。久しぶりに暮らす小樽にこんなに素敵な場所があったのかと感動し、奥様とお店を開くことを決めたそうです。

冬になって雪が積もると、スノーシューを使い裏山を登って出勤するのだとか。

お店では、奥様お手製のキッシュやケーキ、サンドイッチやパフェなどが提供されます。

大きく取られた窓一面に広がるのは、山の緑と清流の流れ。森の生き物たちが顔を出すこともしばしばとか。

qoulou café（コーローカフェ）

小樽市朝里川温泉2丁目686
tel. 080-6062-8826
営業時間 12:00 ～ 18:30（L.O. 18:00）
水・木曜休

地元でおなじみの繁華街・花園銀座の入り口近くに、30年前まで郵便局だった建物を改装した可愛らしいカフェがあります。

　壁は元の色と同じ色合いのペンキを塗り直すなど郵便局時代の面影がそこかしこに残っており、当時を知る人が懐かしがるのだそうです。

　自家製焼き菓子のほか、人気のランチ定食がお目当ての常連さんも多いとか。

レトロモダンな建物に合わせて揃えたインテリアや壁のアコースティックギターなどのせいか、ふと顔を上げると、懐かしい日々を送る若かった頃の自分に戻れるような、そんな気分にさせてくれます。

ノスタルジックな町並みに懐かしい外観が調和するレトロモダンなカフェ

ご主人の松本望さんが笑顔で迎えてくれる

ケーキと綺麗な色のティートパイナップルというドライフルーツ入りの紅茶をいただいた

café chobicha

小樽市花園３丁目 1-6
tel. 0134-64-6015
営業時間 11:00 ～ 20:00
木曜休

初夏の日本海の町 Ⅱ

留萌・増毛

日本海の海岸線沿いを北に延びる国道２３２号・通称オロロンラインは、初夏の今、海が青く透きとおって見えました。

黒く、激しくうねる冬の日本海とは全く異なる表情に夏の訪れを感じます。

北海道遺産にも選定された映画のセットのような増毛の町並みは、旅の気分を盛り上げ、足取りを軽くしてくれます。道沿いの古い木造の建物を覗いてみると、今も現役で使われていることにちょっと驚いてみたり。

一方、隣の留萌はノスタルジックな港町の風情はさほど感じません。旅に非日常を求めると少し物足りないかもしれませんが、港町ならではの親しみやすい人柄に接し、飾り気のない日常に入れてもらったかのようにうれしくなりました。それも旅の醍醐味なのでしょう。

旧本間家住宅 店舗
道北一番の豪商本間家の家屋。本間家は、増毛町の代名詞ともいえる有名な酒蔵・ 国稀の創業家。二階が休憩スペースになっていて、セルフサービスのコーヒーな どもある

道の駅 おびら鰊番屋　オロロンラインを北上し先を目指すならぜひ。お土産や人気のアイスクリームも

ふるさと歴史通り
明治～昭和期の歴史的建造物が並ぶ増毛の観光名所。一角に国稀酒造や国指定重要文化財「旧商家丸一本間家」なども

おみやげ処 お勝手屋 萌 留萌観光案内所　特産物を集めたお土産コーナーやグルメ情報も。留萌市栄町3-2-13、電話 0164-43-1100

千石蔵
本物のニシン漁船が展示されている大きな石造りの建物。元は漁具の保管庫だった。増毛町稲葉海岸町 53

鈴木かまぼこ店 駅前店　注文したかまぼこを目の前で揚げてくれる。熱々をどうぞ。留萌市栄町１丁目1-10、電話 0164-42-2576

廃線になるＪＲ留萌本線・留萌～増毛間
大正 10 年の留萌本線全面開通から 100 年を待たずして、2016 年度中に廃止されることになった

潮風を受けて育つ黄金色の穂は国内初の本格パスタ用小麦

海岸線を行くと潮風を受けて穂をゆらす小麦畑。

従来の国内産では果たせなかったコシと小麦の強い香りを実現した、留萌管内産のパスタ用小麦粉「ルルロッソ」の畑です。秋まきの超強力粉で、２００９年に栽培を開始すると、５年ほどで作付面積も10倍以上になり、生産農家も若手を中心に増えています。以前から柔軟な商品作りをしてきた留萌市のフタバ製麺が、留萌や小平の知名度をアップしたいと考えていた生産農家や飲食店などと協力して生パスタや乾麺を開発しました。今では道内外で注目の小麦となっています。

この小さな小麦一粒一粒に、地域の未来を拓く熱い期待がこめられています。

収穫は例年７月下旬。アイヌ語で留萌を意味する「ルルモッペ」、留萌の夕日をイメージした赤のイタリア語「ロッソ」が由来

乾麺は留萌市内のスーパーなどで販売。札幌ではJR札幌駅内の北海道どさんこプラザ札幌店で購入できる

フタバ製麺 代表取締役の仲田隆彦さん

ルルロッソのパスタは、もちもちとした食感が特徴

＊ルルロッソに関する問い合わせは、フタバ製麺、留萌市栄町２丁目3-6、tel. 0164-42-1699

JR留萌駅近くにある近代的な3階建てビルの1階に、郷土の味・ニシン漬けや彩り豊かな漬物が並びます。

ここは、創業60年を迎える老舗で果菜卸しもしている漬物店。北海道産の野菜にこだわり、保存料や合成着色料は使いません。

その一角にはカラフルで可愛らしいビン詰めのピクルス。野菜ソムリエの資格を持つ田中美智子さんが、若い女性に野菜を食べる習慣をもってほしいと考えたとか。

味はもちろん、見た目も大事と、野菜の詰め方にまで気を配ります。屋上の休憩所で、お酒とピクルスで夕涼みを楽しんでみては。

老舗の漬物屋が仕掛けるおしゃれな食習慣
潮風を感じながらピクルスを

港町仕込みの漬物やピクルスを、潮風と一緒に屋上で楽しむ

ベンチやソファが設置されている屋上テラス。天候によっては開放していない場合があるのでご注意を

丸タ 田中青果

留萌市栄町2丁目3-21
tel. 0164-42-0858
営業時間 10:00 ～ 18:00
不定休

明治15年創業の蔵元が醸す日本最北のうまい酒

酒蔵限定酒など希少な日本酒も試飲できる。お菓子やニシンのぬいぐるみなどのお土産品も

国稀酒造取締役の本間さん

増毛の田んぼで作られる酒米の稲。酒造りと同じ、暑寒別岳の伏流水で育つ

ここは、呉服商に始まりニシン漁の網元、海運業を営んだ道北最大の豪商、本間家の酒蔵。案内してくれたのは、この蔵元の4代目で取締役の本間櫻さん。

すすめ方がお上手で、熟成用のタンクが並ぶ醸造場内の試飲コーナーでいろいろなお酒を試飲しました。

創業時から酒造りに利用している暑寒別岳の伏流水が軟水のため、軟らかくきめの細かいお酒になるといいます。地元で育つ酒米を使ったものもあり、増毛の気候風土を大切にした酒造りが垣間見えます。

地域住民のため、屋外駐車場にある水くみ場の一般開放もしています。

国稀酒造 酒蔵

増毛町稲葉町 1-17
tel.0164-53-1050
営業時間 9:00 ～ 17:00
無休（年末年始を除く）

観光ルートから外れ、海を見下ろす丘の上のカフェへ

地元の方に教えていただかなければ気がつかなかったかもしれません。見晴らしのいい、食事もできるバルコニーからの景色は抜群で、旅の途中で寄っておきたいお店です。

本格カレーが人気で、プリプリとした食感がいい地元の海鮮や、ロースとバラ肉をサンドして揚げたカツなどをのせたメニューが並びます。

食後はマスターの海東毅聡さんが一杯一杯ハンドドリップして入れてくれるコーヒーでゆっくりと過ごしましょう。

港町の日常にちょっとお邪魔するような、そんな気ままさが一人旅の醍醐味かもしれません。

地元の海産物がたくさんのったシーフードカレー

バルコニーからの眺めを楽しみながら食事ができる

喫茶ポルク

増毛町見晴町 1058-11
tel.0164-53-3485
営業時間 10:00 ～ 20:00
水曜休

先代の後を継いだ若き養蜂家 増毛の自然の恵みが溶け込んだハチミツ

雑味がなく、すっきりとした味わい

まつやま養蜂園のハチたちは、今では周辺の果樹農家の実りに欠かせない存在

2代目の松山さん

「一番難しいのが越冬で、雪が積もる前にハチと一緒に鹿児島に移動します」

渡り鳥のように、季節に合わせて日本を旅する農業・養蜂。見た目はまだ若いが、落ち着いた話しぶりで案内してくれたのは、父親から養蜂園を引き継いだ松山聖史さん。

先代が北海道に惚れ、30年前にこの地で養蜂を始めたのには理由があるとか。それは、良質のハチミツがとれるアカシアの木が豊富で、まわりには、多品種の果物を作る果樹園がたくさんあったから。アカシアの蜜は、味に癖がなく色が透明で綺麗なのが特徴です。

まつやま養蜂園

増毛町暑寒沢 221-4
tel. 0164-53-3487

国稀酒造の真向かいに建つ海の家風のカフェ。

　北限の果樹産地といわれる増毛でトマトをはじめ、サクランボ、イチゴ、ジャガイモなどを生産する古村農園の直売所兼カフェです。

「畑から海が見渡せて、野菜は潮風を浴びて育つんです。太陽と潮風は増毛らしくていいですよね」と調理担当の山本真紀子さん。

　こんがり熱々のピザの上のトマトやズッキーニ、ピクルスにしたアイコ、ドリンクの洋梨などはすべて農園のもの。

　地元の女子学生が連れ立って冷たいドリンクを買いにきていたのが印象的でした。

地元の農家の直売所カフェ
ルルロッソも食べられる

トマトと3種のチーズピザ。ピザ生地やパスタにはルルロッソを使っている

古村農園のとれたて野菜も販売

ふるふるトマト

増毛町稲葉町1丁目
tel. 090-9759-2145
営業時間 10:00 ～ 18:00（6 ～ 8 月 9:30 ～ 19:00）
不定休　＊冬季は休業

花咲き実る場所へ

旭川・置戸・北見

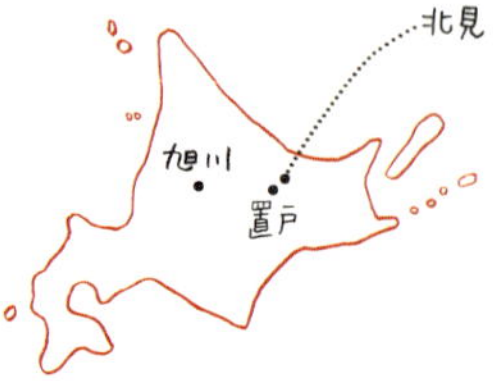

あっという間に過ぎていく北海道の短い夏。美しい花々が咲き誇る風景を見逃すのはもったいないので、上川地方の人気のガーデンを花めぐりすることにしました。

足を伸ばし石北峠を越えると、実りの季節を目前に、農作業に励む人たち。土地の名産・白花豆を将来にわたり作り続けていくため、地元の農家の女性たちを中心に、温泉街をあげて価値を見直し、商品開発などにも挑戦している姿がありました。

オホーツク海側の拠点都市の一つ北見市では、名物の焼肉を地元の人たちと一緒に食べ、かつて世界一の生産量を誇ったハッカのお酒で楽しい夜を過ごせました。

最後に訪れたのは、オケクラフトで有名な木のまち・置戸町。人気の木工製品が町の伝統を生かした新たな産業を起こすための取り組みだったことを知りました。

林鉄線（温根湯森林鉄道）
留辺蘂の白花豆畑を貫くように伸びる道は、1960年まで材木を運んでいた森林鉄道路。国道39号と平行に走る道の先には北見富士が見える

石蔵ダイニング米蔵 My House　地元の若手農業者たちが経営する飲食店。食材は地元の農産物。旭川市東鷹栖1条4丁目638-14、電話0166-57-6577

大雪 森のガーデン　大雪山系を望む丘陵に広がる森に700品種を超える草花が咲き誇る花園。カフェやショップも。上川町菊水841-8、電話01658-2-4655

オケクラフトセンター森林工芸館
全国的人気の置戸町の木工芸品館。20人の作り手が製作する食器などの生活道具を展示・販売。作り手の養成も行う。電話0157-52-3170

道の駅 おんねゆ温泉　日本最大の淡水魚イトウを飼育する北の大地の水族館など多様な施設がある

置戸町立図書館
森林工芸館の向かいに建つ、地元の豊富な木材で建てられた美しい図書館。全国でも有数の貸出率を誇る

ふじや菓子舗　温根湯温泉街で100年続く老舗菓子店。和菓子から洋菓子まで。北見市留辺蘂町温根湯温泉194、電話0157-45-2228

北見じまん村
地元の人が集まる屋台村。北見といえば焼肉。七輪を囲む交流は北見の基本的あいさつとか。北見市北2条西3丁目14

のどかな水田が広がる
田園の中
メルヘンチックな花の楽園

　ここ上野ファームでは、雨の中、季節を凝縮したように一斉に色とりどりの花が咲いていました。

　イギリスでガーデニングを学び、帰国後、次々と北海道の庭を手がけ、人気ガーデナーとなった上野砂由紀さん。北国の植生を生かしたガーデンデザインを「北海道ガーデン」と名付けました。自身のガーデンのほかに、百貨店の屋上庭園デザインやイベントの監修などに積極的に関わり、北海道の魅力を発信しています。

「花には引力があるんです。庭は一つの目的で、それをうまく繋ぐことでいろんな人と交流が生まれます。北海道の可能性を広げてくれる一つのアイテムですね」

開花時期に合わせて植え替え、ガーデンの印象が変化するので、何度となく訪れたくなる。素敵なカフェも併設

倉本聰氏脚本のドラマで舞台となった庭のデザインで知られる上野さん。米農家のご両親が水田のあぜ道や農道脇に花を植え始めたのが花に触れるきっかけだった

上野ファーム

旭川市永山町 16 丁目 186　tel. 0166-47-8741
営業時間 10:00 ～ 17:00
冬季は月曜と年末年始休
＊ガーデンの公開は 4 月下旬～ 10 月中旬

米農家の野中剛さんが、自ら交配して作ったイチゴ「瑞《みず》の香《か》」。美しい見た目と独特の舌触りのなめらかさが特徴です。

今は、輸送に耐えられる硬いイチゴが多いことから、逆に柔らかくて食べやすいイチゴを作りたいと思ったそうです。

野中さんが次に目指すのは、地域産品の発信。そのために地元の若手農業者たちと米穀用石蔵を改修した「石蔵ダイニング米蔵 My House」という飲食店を始めました。

「自分の作ったものを伝える大切さを知りました。いろんな人と話すようになると、湧いてくるものがたくさんあります」

赤く美しいイチゴ
愛娘の名のオリジナル品種を育てる

「ショートケーキにのっているイチゴのタネを蒔いたら芽が出てきたんです」交配を始めたきっかけは意外なところに

「石蔵ダイニング米蔵 My House」でいただいた地元の食材たっぷりのリゾット

東鷹栖のなか農園

旭川市東鷹栖10線15号

＊農園での直売はしていません。
瑞の香は札幌のマルヤマクラス1F「フレッシュファクトリー」などで取り扱っています

生産農家の女性たちと温泉街の商業者がタッグ

白花豆の花は夏に満開になり、秋が深まると収穫が始まる

白花豆生産農家の本條幸恵さんと、「白花豆むーす」を商品化したふじや菓子舗の藤田照さん

ふじや菓子舗の白花豆むーす

留辺蘂を走る国道39号の両脇に、ツルの先に白い花をつけた白花豆の畑が続く景色がありました。あまり知られていませんが、この地域は高級豆である白花豆の日本一の生産地です。

その普及と知名度アップに取り組もうと生産農家の女性たちが中心となって結成したのが「るべしべ白花豆くらぶ」です。温根湯温泉の「ふじや菓子舗」や老舗ホテル「大江本家」、レストランや商工会議所の関係者が加わり、商品開発や農業体験、白花豆のグリーンカーテンなどの多彩な取り組みにより、白花豆の魅力を発信しています。

おんねゆ温泉観光協会
公式マスコットキャラクター
白花マメ太郎

るべしべ白花豆くらぶ

HP　http://shirohanamame.jp

喧騒の繁華街で静かに本格的カクテルが楽しめるバー

カウンターとボックスの25席のお店。西さんは、道産食材を使ったカクテルで有名

モヒートをいただく。ハッカのさわやかな香りが口いっぱいに広がる

北見の香りを運ぶ端野地区のハッカ

北見の繁華街、ビルの3階にあるバーには、外の喧騒が嘘のように静かな空気が流れています。数々のコンテストで活躍してきたオーナーバーテンダーの西泰秀さんに作ってもらったのは、地元の朝どりのハッカを使ったモヒート。香り豊かで、清涼感が口に広がり暑い夏の夜をスッキリと締めてくれました。

「観光の方に、北見はハッカが有名ですよねと言われることが何度かあって、今は地元産を使っています」

かつて、北見のハッカは世界一の生産量を誇っていましたが、戦後、安価な外国産や合成品に押され次第に衰退。近年は安心安全な国産の和種ハッカが見直され様々な商品が開発されています。

WEST BAR

北見市北5条西2丁目18-1 ロータリービル3F
tel. 0157-31-3344
営業時間 19:00 ～ 3:00
不定休

置戸には美しいクラフトと
故郷への思いを育てる
豊かな食文化がある

佐々木十美さん
管理栄養士として約40年間、置戸町の給食作りにたずさわる。現在は同町の「食のアドバイザー」。自身が考案した給食レシピを通して、家庭の食事の大切さを全国で伝えている
〈佐々木さんに関する問い合わせ先〉置戸町中央公民館　tel.0157-52-3075

　町特産のオケクラフトとともに、町が全国に知れ渡ることになったのは、雑誌の「全日本食育都市ランキング」で日本一と評された学校給食。地元の食材を使い、子どもたちに安全でおいしいものを食べさせたい、本物の味を知ってほしいと奮闘してきた佐々木十美さんにお会いしました。

　子どもが口にするものの原材料を調べると、「なぜこんなものが入っているのか」という疑問が生まれたといいます。そこで食材を吟味し手間をかけるなど、給食の変革に取り組み始めたそうです。

「ここで給食を食べ、都会に巣立って料理の修業をしていた若者が、置戸の食材で商売をしたいと、戻ってきて居酒屋を始めたんですよ」と喜ぶ佐々木さんの笑顔が印象的でした。

子どもたちの笑顔が
あふれる三つ星給食

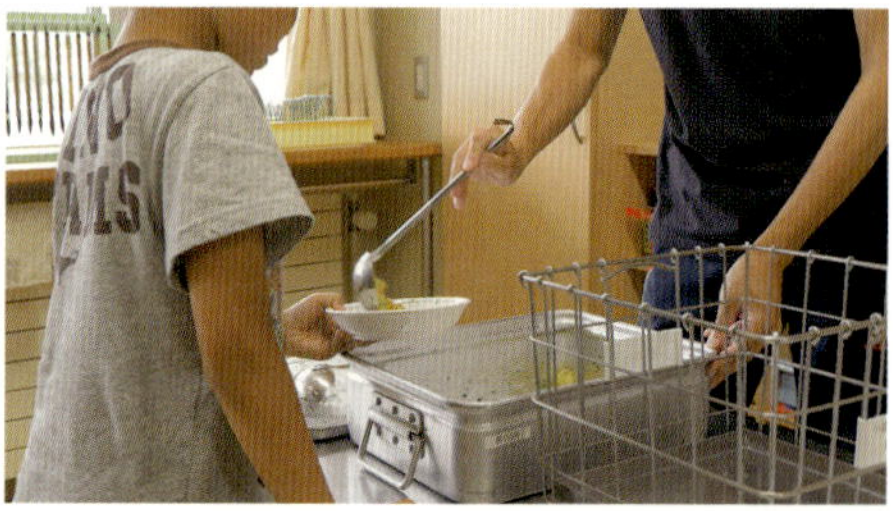

佐々木さんの思いを引き継ぐ学校給食に次々と「おかわり！」の声が

オーガニック認証を取得している丘の斜面に広がる畑でお話を聞いたのは舟山はるみさん。ご主人で代表の秀太郎さんがこのハーブ園を造成した1991年は、本業である土木・造園業の資材置き場のほんの一角でしかなかったそうです。

　今ではハーブティーや石鹸、スキンクリームなどの原料となるハーブは全てここで有機栽培されています。なお、それらの商品は札幌の直営店や大都市圏でも販売されています。

　はるみさんは東京や本場のイギリスでハーブの勉強をしましたが、「農業者ではないので当初は大変なことがたくさんありました。でも楽しんでましたね」と笑顔でした。

丘の上のオーガニックハーブ園
百種の自社生産商品が人気

ハーブの資格や栽培ノウハウなどを学んだはるみさんがブレンドするハーブティーは、専門家からも高い評価を得ている

併設のカフェ「葉奏」では、畑でとれるオーガニック野菜やハーブのお料理、お茶が楽しめる

香遊生活

北見市柏木 14-3
tel. 0157-66-1201
営業時間 10:00 ～ 18:00
水曜休

晩夏の十勝・北海道の食料庫へ

中札内・帯広・池田

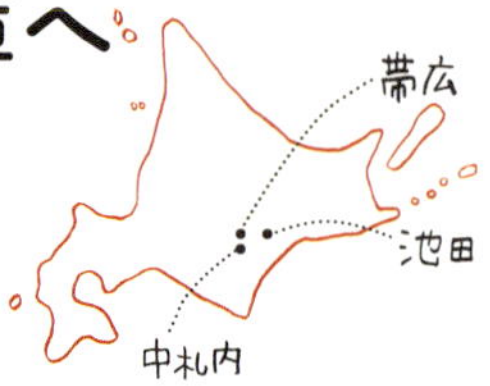

　どこまでも続く空と緑の大地。北海道らしい美しい田園風景が広がっていて、時折でもいいから、ゆっくりと過ごすことの大切さを教えてくれます。

　この旅では、十勝の原風景に触れ、畑で作物の育つ過程を聞きながら農業体験をしたり、羊や牛の生産者の話を聞き、その食材をおいしく食べさせてくれるお店を訪れました。

　自分も広大な風景の一部となって、黒い土の中からジャガイモを掘っていると、手から懐かしい感触が蘇ってきました。それは子どもの頃、土を触って以来の久しぶりの感覚。と同時に自分が口にするものへの関心が薄れていたことに気付かされます。

　楽しくおいしい体験を通して生産現場と消費者のつながりを伝えてくれる女性との出会いも大切な宝モノとなりました。

新嵐山スカイパーク展望台
芽室町にある十勝の田園風景を一望できる展望台。宿泊やキャンプなどができる「めむろ新嵐山スカイパーク」内にある。冬季閉鎖

中札内美術村　約15ヘクタールある柏林の遊歩道を散策し、5棟の美術館を巡る。レストランも併設。冬季休業。電話 0155-68-3003

十勝農園　十勝の旬の食材を使い、素材を生かした料理を提供するレストラン。帯広市西1条南9丁目6、電話 0155-26-4141

池田ワイン城（池田町ブドウ・ブドウ酒研究所）十勝ワインを製造する町のシンボル。池田町出身の吉田美和さん（DREAMS COME TRUE）関連の施設も

ハッピネスデーリィ　嶋木牧場の生乳を使ったメニュー豊富なジェラートのお店。池田町清見104-2、電話 015-572-2001

まきばの家展望台
十勝平野を一望できる池田町清見の丘の展望台。放牧の羊を間近に見られる。冬季閉鎖

帯広競馬場　体重1トンを超えるばん馬が重りをのせた鉄ソリを引く競馬「ばんえい競馬」を世界で唯一開催

十勝まきばの家
池田町の滞在型屋外リゾート施設。隣接の綿羊牧場「ボーヤファーム」と共有する丘に1000頭の羊が放牧。屋外テラスは冬季休業、電話 015-572-6000

農家と消費者をつなぐ畑のガイド
楽しくておいしい体験が
食を選ぶ力を養う

「畑には収穫体験だけじゃなく、別の楽しみ方や触れ方があると思って、歩いて食べる〝農場ピクニック〟をやっているんです」

井田芙美子さんが率いる「いただきますカンパニー」は、十勝の生産農家の畑にガイドと一緒に入り体験するツアーを企画しています。

井田さんは最初、農業を志していましたが、農家がやっていることを消費者の目線で伝えることで、農業に貢献できるのではと考えたそうです。今回は、緑の葉が茂る長イモ畑を見学したあと、一緒にジャガイモを掘り、調理しておいしくいただきました。

「食卓に小さな変化を起こしたい」という井田さんは二人の娘の母でもある

自分で掘ったジャガイモをフレンチフライにして、畑で食べる。最高の眺め！

いただきますカンパニー

帯広市、芽室町、音更町の契約農家が会場
tel. 0155-29-4821
http://www.itadakimasu-company.com
＊前日 17：00 まで受付。2 名様から対応

坂本直行が描いた山野草
あの花柄包装紙の世界へ

六花亭帯広本店から車で45分。中札内村にある六花亭の花柄包装紙を具現化するガーデンです。広大な敷地では、春から秋まで様々な草花が次々と花を開きます。

クロアチアの古民家を移築したギャラリーが点在する散策路を巡ると、山岳画家の坂本直行が描いた水彩画や油絵が展示される記念館に到着。開拓民でもある、北海道の風土を愛した坂本直行の無駄のない線と鮮やかな色彩による作品は、優しくも力強く感じられます。

園内にはオープンテラスのような開放的なレストハウスもあり、緑に囲まれてゆったりとした時間を過ごせます。

夏の園内を彩るハマナシの花

花柄包装紙館では、坂本直行の描く山野草に包まれて

六花の森

中札内村常盤西 3 線 249-6　tel. 0155-63-1000
営業時間 10:00 ～ 17:00（6/1 ～ 8/31 は 9:00 ～、9/26 ～は 16:00 まで）
4 月 28 日～ 10 月 16 日まで営業（期間中は無休）

地元で大人気のパン屋さん 小麦畑を眺めながらパンを味わう

私もちょっと遅めの「朝麦」してみた

種類豊富な焼きたてのパン。石窯で焼いたピザや揚げたてのドーナツも

帯広中心部から少し離れた住宅街、8000平方メートルの敷地に建つ小麦畑の中のベーカリー。

木の板を建て付けた丸い外周の建物が印象的。大きなオープンキッチンからは焼きたてパンのいい香りが流れてきます。

地元では、この店で朝食をとることを「朝麦する」というのだとか。十勝で育った小麦と地元の食材にこだわったパンは、イートインコーナーでも食べられますが、天気の良い日は広い庭がオススメ。パンとコーヒーをトレーに乗せて、青く広い空の下へ出てみませんか。

ますやパン 麦音

帯広市稲田町南 8 線西 16-43
tel. 0155-67-4659
営業時間 6:55 ～ 20:00
無休（年末年始を除く）

池田銘菓・バナナ饅頭を守り続けるのは 老舗の洋食レストラン

工場はレストランに併設。小麦粉と鶏卵のカステラ生地の中は白あん

米倉さんお気に入りの超辛口ウィスキーを一口。「ちょっと大人過ぎません？」

ＪＲ池田駅の目の前にある100年続く老舗レストランで、今も作り続けられているバナナ饅頭。明治後期、池田と北見をつなぐ鉄道が開業し賑わっていた駅で、当時は大変高価だったバナナを、せめて風味だけでも楽しんでもらおうと、お弁当とともに販売されていました。味も形もほとんど当時のまま、懐かしの銘菓です。

ちなみに、社長の米倉寛之さんはウィスキーのコレクター。趣味が高じて、自宅の地下にプライベートバーまで作ってしまいました。今では、町の仲間たちが夜な夜な集まる秘密のバーなのです。

レストランよねくら

池田町大通 1-27　tel. 015-572-2032
営業時間 9:00 ～ 20:00
木曜休
＊バーは一般の方は入れません

地元の食材にこだわったお料理を
ソムリエおすすめのワインと楽しむ

十勝産の肉料理に合わせて、十勝ワイン「山幸」をいただく

2011年に町で初めてソムリエの資格を取得した田中さん。「池田はワインの町。本格的に勉強したいと思って」

ここは、お寿司やいけだ牛のモツ鍋や本格的肉料理など地元の食材にこだわるオールマイティーな居酒屋。オーナーシェフでソムリエの田中健二さんは、ワインにもこだわっています。

ワイン城で醸造されている十勝の赤ワインと、町内で飼育されている黒豚、羊肉（ボーヤファーム）、赤毛和牛（いけだ牛）の三種の肉の盛り合わせをいただきました。付け合わせの季節の野菜や、香りの良い山わさびも町でとれたもの。素材の繊細さや調理の丁寧さが伝わってくるようなおいしさです。まさにテーブルの上が「池田町の食そのもの」なのでした。

寿楽の息子

池田町東1条36-9　tel. 015-572-5413
営業時間 11:30 〜 13:30 / 17:30 〜 23:00、
土曜：17:00 〜 23:00、日祝：17:00 〜 22:00
月曜休

「いけだ牛」と呼べるのは、出産から食肉加工処理までを町内で一環して行われる褐毛和種のみ。適度な霜降りとうま味のある赤身が特徴です。

多田農場では、ワインの製造時に出るブドウの澱を飼料に混ぜていけだ牛を飼育するほか、牛糞を分解・発酵させて完熟堆肥を作り、畑に散布し土作りをした減肥減農薬でジャガイモやトウモロコシなどを栽培しています。

かつては乳牛を飼育していた多田英俊さんは「いけだ牛に転換してまだ6年。この牛の飼育では、直接消費者から感想を聞けるので、その言葉を糧により良い牛を育てたい」といいます。

町をあげて生産する
オリジナルブランドの赤毛和牛
「いけだ牛」

「いけだ牛の飼育にやりがいを感じている」と多田さん

ワインの澱を食べた牛の肉質は柔らかく、乳酸菌が牛のお腹にも良い

多田農場

池田町千代田 615
tel. 015-572-8333
＊農場では見学・直売はしていません。いけだ牛の販売はJA十勝池田町にて最寄りの販売店をご確認ください

秋のオホーツク

遠軽・北見

秋のオホーツク海を目指す途中で立ち寄った山間の町で、道外から移住してきたおもしろい取り組みをしている人たちに会ってきました。

大規模農場を営む傍ら、遠軽名産のジャガイモの普及に努め、過疎化の進む農村を活気付けたいと活動している新規就農した若いご夫妻や、おいしいパンを作りたくて理想の小麦を求め移住したご夫妻もいました。潮風の吹く港町には、自分も町のために何かしたいと考え、地元にUターンした若くて活きのいい漁師もいました。

いずれも未来を前向きに考える若い力です。

一方、静かに時を刻むレストランでは、安らぎと地元の食材のお料理をいただくなど、大自然の中で営まれる静と動のコントラストが、この地域をさらに魅力的なものにさせていると感じました。

能取湖卯原内サンゴ草群落
能取湖南岸・卯原内にある約3万8000平方メートルに及ぶ日本一のサンゴ草（アッケシソウ）の大群落

Cafe しゃべりたい　オホーツク海そばのカフェ。カレーと流氷ソーダをぜひ。北見市常呂町常呂本通204、電話0152-54-3942

瞰望岩（がんぼういわ）遠軽町のシンボル。アイヌ語「インガルシ（見晴しのよいところの意）」が転化して「遠軽」の由来に

ワッカ原生花園　オホーツク海とサロマ湖を隔てる砂州に広がる海浜植物の群生地。300種類の草花が咲き野鳥の繁殖地でもある

レストハウスところ　サロマ湖でとれたホタテづくしの料理を満喫できる。北見市常呂町常呂西町16-20、電話0152-54-2898

太陽の丘えんがる公園　丘陵に広がる10haの広大な敷地に1000万本のコスモスが咲く日本最大級のコスモス園

花田養蜂園　移動養蜂で大切に育てられた完熟ハチミツ。直売はしていないので通販か遠軽町ガトー・ロバで購入可

木楽館　おもちゃや日用品といった木工芸品や食品など、地元の特産物の展示販売をする。遠軽町南町3丁目2-224、電話0158-42-8360

やすべえ
JR遠軽駅前の繁華街の居酒屋。サロマ湖や近隣の港町の新鮮な海の幸が自慢。遠軽町大通南1丁目1-1、電話0158-42-4323

都会にいたからこそわかる田舎の良さと家族と過ごす喜び

「家族と一緒に過ごせる環境とはどういうものか考えたとき、一つの選択肢として農業がありました」

収穫期で忙しい時期に迎えてくれたのは、代表の江面暁人さんご夫妻。首都圏でIT企業に勤めていた暁人さんとメーカーで商品企画をしていた妻の陽子さんは、現在42ヘクタールの畑で大規模農業を営み、田舎暮らしを体験できる農家民宿も開いています。

地元・旧白滝村地域の特産物「白滝じゃが」の普及を目指し、生産農家の女性たちがイベントなどで振る舞っている「北大雪鍋」の作り方を教えてもらい、皆さんと一緒にいただきました。

江面さんご家族と一緒に作った「北大雪鍋」

都会にはない田舎の魅力も伝えている江面さん

地元の農家の女性たちで企画したジャガイモ料理のレシピ本は陽子さんのデザイン。ふるさと納税の景品に

えづらファーム

遠軽町白滝北支湧別 152-3
tel. 0158-48-2050
＊農場での直売はしていません。
販売はホームページにて　http://www.ezurafarm.com

思いはシンプル
子どもにおいしいパンを食べさせたい

素材にこだわり、小麦のおいしさを伝えたいというご夫妻は、とっても仲良し！

初収穫の小麦を挽いた思い出の石臼

「キャンプで来たときにすごく優しくしてもらって。以来、北海道に住みたいと思っていたんです」。滝澤博良さんは、関西で会社勤めをしていましたが、子どもにちゃんとしたものを食べさせたいという思いが強くなり、2001年に白滝で新規就農。自分が育てた小麦でパンを焼くことにしたそうです。

現在は新篠津村の生産者が作るオーガニック認証の小麦と、自家製の小麦やライ麦、野菜を使っています。人気は小麦の味がよくわかるカンパーニュやパン・ド・ミなど。「初収穫の小麦を、この石臼で子どもと回して挽いてパンを焼いたんです」。販売会などで、その石臼を持参し実演しているそうです。

パン酵房 fu-sora

遠軽町白滝上支湧別 511-1
注文やお問い合わせはホームページで
http://www.fu-sora.com
＊原則、木・金・土曜がパンを焼く日

小学校跡でカヌー作り
冬は本格的な犬ぞりツアーも

「先住民はトドやアザラシの皮を使っていましたが、コットンのキャンバスで代用しています」と村林さん。「私（そら）が絵を描くキャンバスと一緒！」

敷地内には約50頭の大きな犬たち。「僕の同僚です」と村林さん

廃校になった旧支湧別小学校の廊下には、木で組まれた数艇のカヌーが並びます。「曲げ木」と呼ばれる高度な技が光る工芸品のように美しいカヌーを作っているのは、代表の村林秀尚さん。

大阪から移住し南富良野町にカヌーの工房を構えているとき、北米を3カ月かけて横断しカヌーとカヤックの文化も学びました。2012年に拠点を白滝に移し、今はアメリカ・インディアンの流れをくむオープンデッキカヌーを作っています。

最近は、カヌー作りのワークショップにも積極的に取り組んでいます。冬は、多頭引きの本格的な犬ぞりツアーも企画・運営しています。

インディアンカヌークラフト

遠軽町白滝上支湧別 235
tel. 0158-48-2911
＊犬ぞりツアーは「アウトライダー」http://www.outrider.co.jp

遠軽町を貫くメインストリート・国道242号沿いにある、昭和16年創業の老舗の菓子店「ガトー・ロバ」。

　日本一の規模を誇るコスモス園や創立100年になる北海道家庭学校の黒い教会をモチーフにしたクッキー、バウムクーヘンなど、町の歴史や風景を伝えるお菓子を数多く揃えています。また、北海道の食材をお菓子に取り込むこだわりも。

　包装紙のデザインは、アニメ「機動戦士ガンダム」で知られる同町出身のアニメーター安彦良和さん。店主の三澤昌照さんが同級生という縁でプレゼントされたというから驚きです。

　花田養蜂園のハチミツも取り扱っています。

お土産は遠軽の風景や名物を
モチーフにした老舗のお菓子を

安彦さんによる包装紙のイラストはもちろんオリジナル

「森のチャペル」のモチーフは北海道家庭学校の教会。昭和初期に北海道で活躍した田上義也の設計

ガトー・ロバ

遠軽町大通北6丁目
tel. 0158-42-3320
営業時間 9:00 ～ 19:00
不定休（基本は水曜休）

若き漁師の「魚食のススメ」
常呂の魚の消費拡大のため
全国を駆け巡る

夜が明ける頃、浜佐呂間漁港を出航。サロマ湖のホタテ養殖は、国内屈指の水揚げ高

魚食系男子 Project オリジナルレシピ。イベントなどでも振る舞われる

常呂の港でお会いした川口洋史さんは東京で広告関係の仕事を経て、実家の漁業を継ぐため故郷に戻ってきました。

若い世代に魚をもっと食べてもらいたいとの思いから「魚食系男子Project」と銘打ち、漁業における6次産業化を目指してレシピ開発や料理教室をはじめ、近隣の町や札幌などで魚食を絡めた音楽イベントなども企画しています。これからは首都圏などへの直販も始める予定だといいます。

海の男らしい焼けた肌と優しい目をキラキラさせ、はにかみながら話してくれた川口さんの今後の活躍、楽しみです！

魚食系男子 Project

kottonmouth1984@gmail.com

＊ Facebook「魚食系男子 Project」で検索

この素敵なレストランを教えてくれたのは、ススキノの行きつけの居酒屋さんでした。オーナーシェフの米本健さんが作り上げてくれたのは、シンプルかつ繊細なフレンチの一品。魚もソースも本当においしい！

　彩りを添えるのは、町内の農家が育てた新鮮な野菜たちです。

　米本さんは札幌のホテルで修業し、サロマ湖のリゾートホテルでのシェフを経て常呂町で店を構えます。地元はもちろん、札幌などの遠方からも立ち寄るお客さんがいるといいます。

　こんなに味も雰囲気もいいお店の存在は、女性の見知らぬ土地への一人旅には心強い味方なのです。

小さな町の本格的フレンチレストラン
地元の食材を贅沢に味わう

「カスベのムニエル　ベルモット酒ソース」。ふわっとした身とソースが印象的

「目の前の海の魚をすぐに料理するからおいしいし、提供しやすい」と米本さん

Restaurant Blè

北見市常呂町常呂 323-11　tel. 0152-54-2234
営業時間 ランチ 11:30 ～ 14:00（L.O. 13:15）
　　　　ディナー 17:00 ～ 20:00（L.O. 19:15）
火曜休

歴史とロマンチックに包まれて

江差・函館

日本海沿岸を南へ。小さな港とのどかな集落が等間隔で現れる追分ソーランラインは、晩夏のドライブにピッタリ。その先にある少し大きな市街地が江差町です。

北海道で最も早く開けた港町の一つ。写真でしか見たことないような繁栄の歴史を物語る建物が連なる「いにしえ街道」を歩くと、そこが現代であることが信じられない気持ちになります。そんな歴史的資産が日常にある暮らしを少しうらやましく思いました。

翌日は、道南の中心地・函館へ。美しく、ノスタルジックな町並みに残る歴史ある食文化を堪能する一方で、道南の魅力を再発見するような情熱ある若き料理人や生産者たちが輝いているシーンにも出くわしました。

町の歴史や土地を大切にしながら新たな魅力の創造に取り組んでいる姿が印象的でした。

開陽丸
実物大に復元された、江戸幕府が幕末に所有していたオランダ製軍艦。戊辰戦争時、江差沖で座礁沈没

旧檜山爾志郡役所（江差町郷土資料館） 北海道指定有形文化財。1887年建築。郡役所と警察署業務を行っていた

江差町会所会館（旧江差町役場本庁舎）1845年に町会所（町の執務を行う所）として建設。1993年まで江差町役場本庁舎として使用されていた

五稜郭公園　国指定特別史跡。1866年に造られた城郭跡で、箱館戦争では旧幕府軍の本拠地となった。函館の観光スポット

いにしえ街道　江戸時代末期から明治期の問屋や蔵、商家などの歴史的建造物や史跡、旧跡が数多く残されている江差市街の旧国道

プレイリー・ハウス（旧・佐田邸）
世界的建築家F.L.ライトに師事し、昭和に活躍した田上義也設計の個人住宅。1928年建設。国登録有形文化財。函館市元町32-10

タチカワカフェ（太刀川家住宅店舗）
1901年に米穀商初代太刀川善吉が建てた土蔵造り2階建て。現在はカフェ。国指定重要文化財。函館市弁天町15-15

旧中村家住宅
国指定重要文化財。1889年頃の建築。近江出身の商人大橋宇兵衛が建て、大正に入り中村家が譲り受けた。江差町中歌町22

江差土産の定番
150年続く伝統の甘味

ルーツは江戸時代。南部の五勝手村（現在の江差の一部）でとれた豆を使い、お菓子を作ったことに由来する五勝手屋本舗。

北前船で運ばれてきた寒天や砂糖、水飴を豆に合わせてお菓子を作っていた150年前から、基本的な製法は変わらず。道産子にはおなじみの羊羹です。

おなじみといえばこの円筒状の形。糸を使い好きな大きさに切って食べる丸缶羊羹は昭和14〜15年頃にはあったといいます。発売当初は竹べらを使っていたそうですが、手を汚さずに食べられる手軽さが受け、自宅用、お土産用として長年、地元の人や観光客に愛され続けています。

北海道の金時豆を使用。コクと飽きのこないさっぱりとした甘みが長く愛される理由。丸缶は、ビビットな色のレトロなパッケージも人気

五勝手屋本舗

江差町本町 38
tel. 0139-52-0022
営業時間 8:00 ～ 19:00
無休（元日を除く）

歴史ある町の歴史ある土蔵を交流拠点のカフェに

2014年にオープンした、まちづくり活動を行う町民有志団体が運営するコミュニティカフェ。

いにしえ街道に溶け込む落ち着いた雰囲気の建物は江戸末期から明治期の土蔵をリノベーションしたもの。北前船の交易で栄えた江差の歴史と文化を生かし、賑わい再生や情報発信を目指しています。

郷土食や地元の食材を活用したメニューを提供する和風カフェと、和雑貨や北前船の模型を展示販売するスペースがあります。郷土食は現代風にアレンジされ、軽食にピッタリ。町の見どころなど、情報収集の場としても利用できそうです。

町有の土蔵群4棟は江戸時代末期の歴史的建造物

北東北から伝わった「ケイラン」は、塩味の効いたお出汁にあん入りの白玉団子が入っている。塩加減と甘さが絶妙。地元では五勝手屋本舗の羊羹を入れる家庭も

皐月蔵チャミセ

江差町姥神町 18-1
tel. 090-7656-5473
営業時間 11:00 ～ 16:00（L.O.15:30）
月・火曜休　＊冬季は休業

わずか7室の高級旅館 江差の美しさ、おいしさを贅沢に味わう

サフォーク羊に添えられた自家製ウィンナーは、直営農場の木の芽入り

隣町・厚沢部町の直営農場「拓美ファーム」では、生ゴミを活用した有機野菜作り、北海地鶏やサフォーク羊の循環型のエコ飼育に取り組んでいる

かもめ島の目の前のモダンな平屋造りの建物には、離れのように贅沢に配置された客室が7室。各部屋に自家温泉がひかれ、日常を忘れる広々とした空間は天然木を配したスタイリッシュなインテリア。大きな窓からは日本海が間近に見えます。地元の新鮮な海産物と、宿泊客に提供するために直営農場で育てられたサフォーク羊や有機野菜を使った洗練された食事、心温まるサービスにくつろぎのひと時を味わいました。

翌朝、農場を案内してくれた代表の棚田清さんは、「何かを始めるときには熱い思いにならないとね。ローカルほど可能性をもっているんですよ」と秘めた思いを語ってくれました。

江差旅庭 群来（くき）

江差町姥神町 1-5
tel. 0139-52-2020

故郷でお店を開きたい
いにしえ街道で夢を叶えたパン屋さん

いにしえ街道に江戸時代末期の土蔵をリノベーションし、パン屋とギャラリーを開業したオーナーシェフの藤元純さん。「地元の江差でパン屋を持つのが夢だった」といいます。札幌のベーカリーで修業を積み、2010年12月にその夢を実現。

卵は八雲の平飼い有精卵、小麦粉は地元で収穫される最高級小麦「春よ恋」をブレンド、全粒粉はせたな産と、地元への思いをパンに込めるように道南の食材をふんだんに使っています。地元でも大人気で、早い時間に売り切れになることも多いので注意。

ちなみに、店名の「ベッキー」は藤元さんの中学時代のあだ名からとったとか。

地元産の食材を多く使いながらも、
良心的な価格がうれしい

季節の新作パンも続々。お店
は姥神大神宮の2軒どなり

ぱんや Becky

江差町姥神町 90
tel. 0139-56-1115
営業時間 8:00 ～売り切れまで
第1・第3月曜、火曜休

シェフと生産者で作るのは食の現場の声を聞くイベント「情熱のレストラン」

関川さんはフランス料理にはこだわらずに、道南の風土を皿の上で表現することを心がけているという

おぐに牧場が提供した牛肉で。「北斗市 黒毛和牛 イチボと王様しいたけ 旨みと旨みと旨み」

風情ある函館でも特にノスタルジックな景色の残る元町の真っ白な教会をリノベーションした「ル・クリマ函館」。「僕の料理はカテゴリーではフランス料理になるんですけど、そんな気はなくて」とシェフの関川裕哉さん。上質な食材を育くむ緑豊かな道南を皿に表現する関川さんの言葉に、使命感や覚悟、吸引力のようなものを感じます。

　そんな関川さんが信頼する道南の農業・漁業・畜産業などの生産者たちと行う食のイベントが「情熱のレストラン」（不定期開催）。生産者が給仕を務め、客が直に食材について聞くことができるというもの。食に向き合う人たちの熱い思いが一皿となり輝いています。

ル・クリマ函館

函館市元町 29-15　tel. 0138-76-6676
営業時間 ランチ 11:30 ～ 15:00（L.O. 14:00）
ディナー 17:30 ～ 22:30（L.O. 20:30）
月曜休

迎えてくれたのは、3代目女将の土橋正子さん。ここは函館市宝来町のあさり坂に面した、昭和9年築の老舗精肉店。総ヒノキ純和風建築の2階には、趣ある贅沢な造りの9つの客室。ここですき焼きを提供しています。

女将はお店の歴史を話しながら、お鍋にまず白滝を入れ、玉ねぎ、そして霜降りの牛肉を投入します。

「昔はこの辺は花街で、芸者さんがあちこち闊歩してましたよ。よく旦那衆が芸者さんをお連れになって宴会をなさってました」。

上質なすき焼きを味わいながら、当時の華やかな風景に思いをめぐらせました。

明治34年から続くすき焼き専門店
函館の歴史を見つめてきた老舗

この日は鹿児島産 A5 ランクの黒毛和牛。一人前からのお得なランチも

ロシアやイギリスの大使館があったため、函館では肉を食べる習慣が早くに定着したとか

すき焼 阿さ利本店

函館市宝来町 10-11
tel. 0138-23-0421
営業時間 11:00 〜 21:30（L.O.20:30）
水曜休

川の恵みは山の恵み

むかわ・占冠

　秋の期間限定の味覚として知られる鵡川のシシャモ。漁の解禁に合わせ、札幌から車で1時間ほどの、むかわ町へ向かいました。

　この旅で教えられたのは、自然の中にあるものは全てがつながっているということ。山の中の小さな湧き水が大きな川になり、大海に流れ出たのちに水蒸気となって再び山に水が降り注ぐ水の循環。川の流れに沿って上流へ向かうと、町の宝であるシシャモを守るため山に植樹をする海の人たちがいて、その川の恵みを受けて米や野菜を作る畑の人、そして森の中の動物と共生する暮らしを守る山の人たちがいることを知りました。

　大きな自然のサイクルは、一つでも変わると絶妙なバランスが崩れてしまう――。

　神話の時代からこの川を守っている鵡川流域に暮らす人たちがいました。

赤岩青巌狭
鵡川上流の占冠村にある、赤や青の巨岩が造り出すダイナミックな景観が人気の景勝地

鵡川　日高山脈北部の狩振岳から占冠村、むかわ町を流れ太平洋に注ぐ一級河川。シシャモが遡上し産卵。晩秋に河口の高台で鵡川アイヌの儀式「シシャモカムイノミ」が行なわれる

道の駅 自然体感しむかっぷ
地元の野菜やクラフトなどを扱うショップでは、占冠で狩猟された鹿肉の加工品も販売。レストランや食事処もある

道の駅 むかわ 四季の館
地元の人たちも利用する道の駅。土地の野菜や土産物のほかレストラン、宿泊施設、プールなどがある

星野リゾート　トマム
人気リゾートの夏期の目玉は雲海。早朝に十勝方面から流れ込む雲の絨毯は幻想的。占冠村中トマム、電話 0167-58-1111（写真提供　星野リゾート トマム）

ペンション イング・トマム
森の中のペンション。レストランの鹿肉のローストは臭みがなく絶品。占冠村上トマム 2408-4、電話 0167-57-2341

北海道の太平洋沿岸にしか分布しない世界で唯一の地元の宝物

シシャモは漢字で「柳葉魚」。

鵡川地方のアイヌのシシャモ伝説の一つに、飢饉で苦しむ村の人々を救うため、フクロウの女神が魂を入れた柳の葉を鵡川に流したらシシャモになった、というものがあります。

この地域を支えてきたシシャモの保護のため、旗振り役となったのが地元の鵡川漁協女性部。

魚を殖やすには上流の豊かな森が必要と知り、1996年から「お魚殖やす植樹運動」として鵡川源流の占冠の山に植樹を始めます。

ちなみに太平洋沿岸でとれるのは、市場に多く出回っているカラフトシシャモ（カペリン）とは見た目も生物学的にも全然ちがう本物のシシャモです。

占冠で植樹活動をしている鵡川漁業協同組合女性部長の吉村美代子さん

鵡川のシシャモは魚体が大きくてお腹に抱えている卵が少なく、体が大きい分、卵もすごく大きいとか

鵡川漁業協同組合

むかわ町汐見 751
tel.0145-42-2055

料理好きが高じて始めたお店
旬の贅沢なシシャモ料理を味わう

臨床検査技師だった店主の木村英雄さんは、反対する家族を振り切って脱サラしお店を開いて23年。「なぜ料理屋を？」「食うのが好きだったから（笑）」

用意してくれたのはシシャモづくしのお膳。刺身にフライ、炊き込みごはんなど、脂がのったシシャモの身は口の中で溶けていくほど柔らかくておいしい。

地域ブランドとして定着した鵡川のシシャモをはじめ、山海の幸に恵まれたむかわは食材に事欠くことがないといいます。「残したいのは自然のままのむかわ。この町からシシャモをなくしたくないね」と木村さん。

6種のシシャモ料理が盛られた「ししゃも御膳」は晩秋の漁期のみ

長年、野鳥保護管理員も務めている木村さん。豊かな自然の中で育つ「むかわ和牛」のメニューも

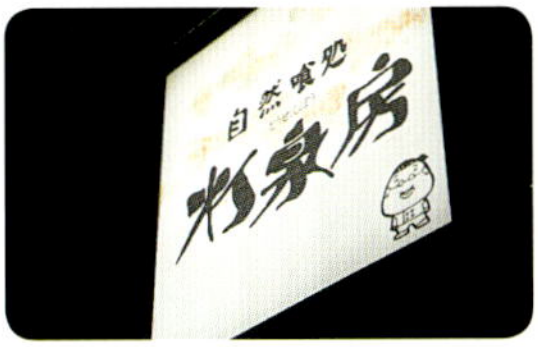

自然喰処 灯泉房

むかわ町末広1丁目70
tel. 0145-42-5417
営業時間 11:00 ～ 14:00 / 17:00 ～ 22:00
水曜休（10 ～ 11月は不定休）

鵡川流域に広がる大きな水田 川の恵みでおいしいお米を作る

小坂さんのお米で握ったおにぎり。このお米は台湾やアメリカにも輸出されている

かぼちゃの煮付けも絶品！ホクホクした食感と甘みが特徴の「九重栗」と赤大根の酢漬け

鵡川のすぐ横に広がる10ヘクタールの水田を訪れたのは収穫直後。上流には蛇紋岩という土壌があり、そこを通った川の水には豊富なミネラルが含まれていて、お米を一層おいしくしてくれるといいます。「こんなに恵まれた土地を預けられているのですから、土の力を引き出し良いものを食卓に還元したい」と代表の小坂幸司さんは話します。

小坂さんの農園では野菜も作っていて、漬物名人のお母様・文子さんの漬物などを味見させてもらいました。ずっと趣味で漬けていたそうですが、おすそ分けから評判を呼び、いつしか専用の工房を持つまでに。道の駅などでも販売しています。

小坂農園

むかわ町花岡 275
tel. 0145-43-2070

＊農場で直販はしていません。お買い求めは小坂農園 HP で http://www.kosakanouen.jp

高みを目指すさわやかな笑顔
農の未来を担う若者に出会った

だるま芋はもちろん、農園のお米や野菜は、直売所「もぎたてHOUSE」で購入できる

「長イモ類は生で食べられるので消化酵素が多いんですよ」。甘さの増す春掘りもおすすめとか

鵡川を上流に向かい穂別の1軒の農園に立ち寄りました。ここで作られているのが短くてお尻が膨らんでいる「だるまいも」という珍しい長イモ。デンプン質が多くシャキシャキとした歯ごたえと強い粘りが特徴で、中澤農園では独自の栽培方法を確立するまで20年以上かかったとか。

案内してくれた4代目の中澤和晴さんは、ニュージーランドで農業を学び帰国して5年。先輩たちの背中を追いかける若き農家は「どう作ったらいいか、どうしたらおいしくなるか、どうしたらお客さんに求められる農産物ができるかがわかってきただけで、腕はまだまだです」と目をキラキラさせていました。

中澤農園直売所 もぎたてHOUSE

むかわ町穂別451-3

tel. 0145-45-3306（ほかに農園事務所 0145-45-2899）

営業時間 6月8:30～12:00／7・8月8:00～17:00

水曜休　＊冬季は休業

占冠の地域カフェ「ぼっこてぶくろ」の代表で自然ガイドでもある細谷誠さんに鵡川の源流を案内してもらいました。

　奥トマムの山中にわずかに湧き出す水。それが一級河川・鵡川の源流です。手ですくって飲んでみると、澄んだ中に少し甘みを感じます。

　細谷さんはここから鵡川を河口まで下るツアーを主催しています。ツアーを通じて伝えたいことは水の循環と人とのつながり。「河口まで下って気が付いたのは、海で温められた水が雲になっていくことでした」。

　栄養豊富な川の水は海に恵みを与えるだけじゃなく、雲となって再び山に帰ってくることを教えてもらいました。

水の循環は命の循環
自然の無限ループを伝えてくれる

源流のすぐ側に鵡川漁協女性部が植樹した木が。「森の様子を見極めるのが山の人、植えるのが海の人なんですね」と細谷さん

鵡川源流から河口までの 135km のツアー。自転車、ラフティングボートの急流下り、トレッキング、カヌーで 1 週間かけて海まで下る

地域カフェ・ぼっこてぶくろ 村民食堂

占冠村中央（出光 GS すぐ裏）
tel. 090-8899-3124
営業時間 11:00 ～ 14:00
土・日曜休

伝えたいのは命をいただくこと
おいしい鹿肉を届けるため
ハンターは考え続ける

「ぼっこてぶくろ」に集まった村の子どもたちが描いてくれた絵の中には、豊かな森とエゾシカなどの動植物が

占冠の道の駅やペンションイング・トマムに提供されている肉もここで加工されたもの。「肉を寝かせるとまろやかになる」と高橋さん

旅の途中で占冠村の子どもたちと出会い、村の自慢を絵にしてもらったら、エゾシカを描いてくれました。子どもたちは、学校でエゾシカの生態や農業被害、狩猟、解体などを学んでいるのだとか。

そうしたプログラムを実施しているのが、エゾシカの解体から加工、販売まで手がける「森のかりうど」代表の高橋勝美さん。

おいしく余すことなくエゾシカの肉を食べられるよう、狩猟の際は、狙う場所は食品にすることを念頭に、さらに車での回収時間も最短になる条件のもとで撃つといいます。

真摯に命に向き合う高橋さんの穏やかで優しい語り口が印象的でした。

森のかりうど

占冠村占冠　ジビエ工房「森の恵み」内
tel. 0167-56-7305

晩秋の空知

美唄・砂川・浦臼・滝川

晩秋の空知。米の収穫期を終えた田んぼは寂しげでしたが、最盛期を迎えたくるみの山には、豊かな実りがありました。

「収穫の時期に手伝いに行く」という約束を果たすため、春に訪れた美唄の上村農園への二度目の訪問。くるみのおばあちゃんこと上村征子さんの育てているくるみの木は、枝いっぱいに大きな実をつけています。「いつもの1・5倍の収穫量だよ」と笑顔が返ってきました。

浦臼にある日本一広い鶴沼ワイナリーでも、まさに収穫真っ只中。丘の斜面の広大なブドウ畑では、紅葉した木々にたくさんの実が下がり、甘い香りが漂っていました。

実りの季節を迎えた食の現場で働く人たちの顔には喜びがあふれ、そばにいる私たちをも笑顔に変えてくれるような気がします。

鶴沼ワイナリーのブドウ畑
丘陵地にある畑の裾野には石狩川流域の広大な平地が広がる。日照時間が長く梅雨や台風の少ない気候はブドウ栽培向き。土壌分析を基に有機肥料と低農薬で、主にドイツ、オーストリア、フランス系品種を栽培

まちなか集客施設 SuBACo
砂川市の観光や商店街、市民活動などの情報を集約するコミュニティスペース。砂川市西 1 条北 2 丁目 1-18

太郎吉蔵　1926 年築の石蔵を、2004 年に NPO「アートチャレンジ滝川」が再生した市指定文化財の多目的ホール。改修設計は建築家の中村好文氏。滝川市栄町 2 -8-9

やき鳥 たつみ　名物の美唄焼き鳥は、胸肉以外のすべての肉を使う。10 本単位で注文し、締めはもつそば。美唄市西 1 条南 1 丁目 1-15、電話 0126-63-4589

砂川オアシスパーク
一人当たりの都市公園面積日本一を誇る砂川市の公園。旧石狩川の跡地を利用した水辺のリクリエーションエリア。目印は西洋のお城のような管理棟

すぎうらベーカリー
日本有数の米どころ・美唄の米粉を使ったもっちりとした食感のパンやシフォンケーキが人気。美唄市癸巳町 2 区、電話 0126-64-2089

一軒家をリノベーション
物販やイベントなど、
カフェをベースに地域をつなぐ

国道沿いの昭和の懐かしさを感じる一軒家を自分たちの手で改装したカフェ。素材にこだわったメニューを提供しています。

店内はこじんまりしていながらセンスの良いソファやテーブル、レンガが映えるペチカなど、落ち着く雰囲気。

迎えてくれたのはオーナーの妹さんの八巻みさとさん。ご本人はもの作り作家で、店内では自作のブローチやアクセサリーを販売しています。近郊の作家の作品やアンティーク雑貨なども豊富に揃っています。

ラズベリーが香るクリームミルクティーをいただいた後は、気になっていたブローチやニットなどを買い物してしまいました。

近郊の作家や札幌の仲間の作品を集めたイベント、ワークショップなども開いている

カウンターの書籍は市内「岩田書店」の一押し。
店内では閲覧のみで、書店での購入をすすめている

クリームミルクティー

CAFE MEDERU

砂川市西1条南4丁目 1-13
tel. 0125-74-5146
営業時間 10:30 ～ 18:30（L.O.18:00）
火曜・第4水曜・毎月12日休

ＪＲ砂川駅から昭和の香りが残る商店街を歩いて１分ほど。洋風な外観の建物は開業して四半世紀になる地元で愛されている洋食店です。

　この日いただいた砂川のご当地グルメ・ポークチャップは、肉が柔らかくてガーリックの効いたソースが絶品！　このほかにも４日かけてじっくり作る「タンシチュー」もおすすめだとか。「砂川は炭鉱で潤っていた街。今は人も減り寂しいですが、自然体で心地よく過ごせる場所ですよ」とご主人。

　常連客も優しく声をかけてくれて暖かくリラックスしたムードに店内が包まれています。

暖かい雰囲気漂う中
手間ひまかけた洋食を味わう

ポークチャップの特性ソースは老舗の洋食店ならではの味

外観同様、洋風のシックな店内は常連客で賑わう。出張のたびに訪れるという人も

Peony Garden

砂川市東１条北２丁目 1-42
tel. 0125-54-4522
営業時間 11:30 ～ 14:00 / 17:00 ～ 21:00（L.O.）
月曜休

北海道を代表する菓子メーカー
新たなチャレンジを支える
地元への思い

自社農園で収穫された「きらら397」を使った黒ごまだれ餅「夢きらら」

秋には、収穫した野菜を使ったお菓子を期間限定販売するイベント「大収穫祭」も開催される

バウムクーヘンや開拓おかきなどで知られる北菓楼の砂川本店。食事もできる喫茶フロアやドッグランも備えた庭園などがあり、ドライブで訪れる人も多いはず。でも、その裏に広がる約2ヘクタールの畑と1ヘクタールの水田で野菜やお米を育てていることはあまり知られていません。

「畑を始めたのは、地元の野菜を使った6次産業化への挑戦と、社員が収穫などを通して生産者の苦労を知ることができるから」と畑の管理担当の藤田勲さん。

お菓子作りの現場から、売り場やデスクで仕事する人まで、会社全体が食材についてより深く考えるようになったそうです。

北菓楼 砂川本店

砂川市西１条北 19 丁目 2-1
tel. 0125-53-1515
営業時間 9:00 ～ 19:00
元旦休

収穫最盛期を迎えた 日本一広いブドウ畑を訪ねて

日本一の広さのブドウ畑が、まさか先も見えないほどの大きさだったとは！

　この北海道ワイン㈱の自社農場のブドウは、高品質ブランド「鶴沼シリーズ」として販売されています。

　海外のワイン産地さながらの垣根方式の広大なワイン用ブドウ畑で、手摘みで丁寧に収穫されていることにも驚かされます。

　農場長の斎藤浩司さんは「ブドウの木は、お米やイモのように毎年植えるのではなく、20年、30年と育てるもの。樹齢36歳という古い木もあり、どの木にも愛情をかけないと良いブドウでおいしいワインができないのです」と慈しむように語ってくれました。

甘酸っぱくておいしい収穫前のワイン用のブドウ。味が濃い！

「道産ブドウのワインと道産食材の料理なら合わないはずがないので、一緒に楽しんで」と斎藤さん

鶴沼ワイナリー

浦臼町於札内 428-17
tel. 0125-68-2646
営業時間 9:00 ～ 16:00
年末年始休

地元の食材をふんだんに使うイタリアンを
老舗ホテルのデザインスペースで

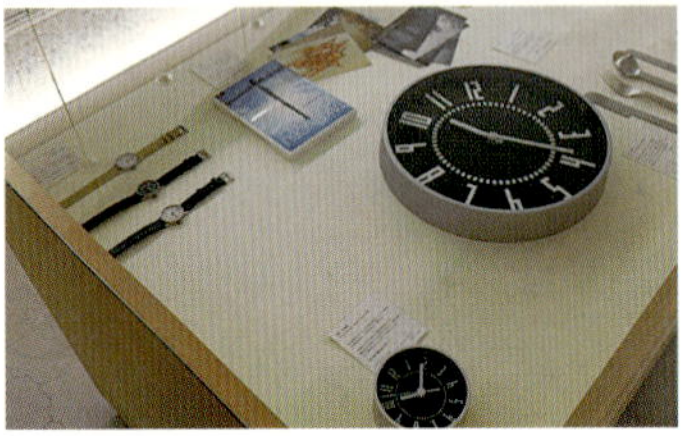

五十嵐さんの作品はホテル三浦華園内のデザインショップにて展示販売。太郎吉蔵を管理するNPO「アートチャレンジ滝川」の理事長も務める

滝川産の合鴨と近郊の紫イモ。庭の季節の葉を添えた美しい一皿

滝川出身で、ニューヨーク近代美術館など世界各国の美術館に作品が永久展示されている彫刻家でデザイナーの五十嵐威暢さんがプロデュースしたレストラン。大きな窓から覗く日本庭園とモダンなインテリアが美しいです。

　鶴沼ワイナリーで購入したワインを持ち込んでサーブしてもらいました。これは空知のワインを盛り上げようという「滝川 BYO システム」。「Bring Your Own bottle」（ワインボトル持ち込み可）と呼ばれる取り組みで、オーストラリアなどでは一般的なシステムだとか。

　地元の食材を使った料理だけでなく文化も伝えてくれるレストランです。

il cielo

滝川市花月町 1 丁目 2-26 ホテル三浦華園 1F
tel. 0125-22-2101
営業時間 ランチ 11:30 ～ 14:00 ／ティー 14:00 ～ 17:00 ／ディナー 17:00 ～ 20:30　年末年始休

映画とSNSで町おこし
アートで地域を元気にしたい

「人がポーズをとると風船を持っているように見えますよね？」

シャッター街は、日本だけじゃなく世界でも増えている問題…

JR滝川駅前の商店街の締め切られたシャッターに描かれた絵は、短編映画「シャッター×シャッター」（中鉢貴啓監督）で、北海道を絵本大国にしたいと夢見る絵本作家の本人役として、そら自身が描いたもの。

　菜の花が描かれたシャッターは今は美容室に変わっていました。この活動の最終目標は空き店舗に店が入り、絵の描かれたシャッターが全部上がること。

「商店街が1歩でも踏み出せたり、動き出したりしたらうれしいので、これからもできることがあったらお手伝いしたいな」。活気付く町並みに思いをはせました。

シャッター×シャッター

滝川駅前商店街
たきかわ観光協会
tel.0125-23-0030

最果ての地を旅する

別海・根室

北海道のおいしいものや地元の方たちと出会えた旅も終点が見えてきた頃、私たちは日本の最東端の町を目指しました。

砂の堆積によって釣り針状に海へ突き出た野付半島の内湾で北海道遺産でもある北海シマエビ漁を見るのがその目的。年に二回しか漁のシーズンが訪れない希少な道東の海の幸です。

新千歳空港から中標津空港まで飛行機で50分。レンタカーで30分も走れば、そこは絶景のオホーツク。日常のスケール感を超える、まさに最果ての地。

何より、私たちがこの地に魅了されたのは、ここに暮らす人たちとの出会いでした。首都圏から根室に拠点を移し、自分のペースを大事に日々を送る人たちから、一人旅という少しストイックな状況に安らぎとやる気を分けてもらった気がしました。

風蓮湖
国内有数のハクチョウ飛来地。約300種類の野鳥も観測されており手付かずの自然がそのまま残されている。ラムサール条約登録湿地

野付半島　ナラワラ　海水で浸食され風化したミズナラなどの木々が立ち枯れた林立地。緑の中に白骨化されたような不思議な風景が広がる

納沙布岬灯台　北海道で一番早い日の出スポット。眼前に歯舞諸島がはっきりと見え、遮るものがなく風が一気に吹き抜ける

奥行臼駅舎　廃線から四半世紀。当時の面影をとどめる歴史的建造物として、ホーム、詰所、石炭小屋などを含め文化財に指定されている

春国岱　長さ8km、幅1.3kmに及ぶ数千年かけて作られた砂州。草原や湿原、森林などの多様な環境が広がり「奇跡の島」とも呼ばれる

打瀬舟
砂嘴・野付半島で行われている北海シマエビ漁の風景。明治時代から伝わる風を受けて帆を操る伝統の漁。北海道遺産に選定

端谷菓子店　伝統の味・根室銘菓「オランダせんべい」は昭和25年創業の同店でのみ製造。根室市千島町2-11、電話0153-23-3375

明治公園
北海道で二番目の歴史を誇る、根室の牧場の跡地を利用した公園。昭和7年と11年建造のサイロが象徴的。サイロは国の登録有形文化財

別海ジャンボホタテバーガー。厳冬期の早朝、野付湾に浮かぶ「四角い太陽」。この神秘的な現象をモチーフに、四角い春巻きにしたジャンボホタテを四角いバンズに挟んで「別海ジャンボ牛乳」と一緒に味わう。野菜と3種類のソースを自分好みにぬるのがルール

別海の新・ご当地グルメは
地元・野付産ジャンボホタテバーガー
こだわりの自家製バンズで

おいしそうな焼きたてパン♬

朝、お店に足を踏み入れると、ふわっと身体を包む焼きたてのパンと自家焙煎コーヒーの香り。

　山小屋風の三角屋根の広々としたお店は、普段よりちょっと遅い朝を過ごすのに申し分のない洒落た気分を提供してくれます。

　地元のおなじみさんが道産小麦100%、天然酵母、発酵バター使用のこだわりのパンを買う様子に、この町の日常が垣間見える気がします。

　気ままな一人旅におすすめの町のカフェです。

Cafe Oak（カフェ・オーク）

別海町別海宮舞町 256
tel. 0153-75-0995
営業時間 10:00 ～ 16:30
月・火曜休

絶品だと噂に聞く北海シマエビ。地元の方に混ざってカウンター席に座り、まずは茹で上げられて真っ赤に染まったエビをいただきます。そのコクに驚くと、「キング・オブ・エビですから」

　そう答えるのは、仲買人で「酔楽まる太」のマスター・大隅啓年さん。水揚げされ、その日のうちに競り落とした北海シマエビを、マスター自ら大きな釜ですぐに塩炊き。その茹で加減は絶妙です。

「最高においしい北海シマエビは、ここでしか食べられないですよ！」

希少な尾岱沼の
北海シマエビを味わえる
名物仲買人の居酒屋へ

大隅さんはシンガーでロッカー、仲買人で居酒屋のマスター。「スター大隅」とは彼のこと。町おこしのため地元イベント・PR活動に奔走中

数量限定の北海しまえび天丼。脱皮直後のからの柔らかいエビは、頭から丸ごとサクサクッと食べられる。網にかかるもののうち、おおよそ0.7%と希少なもの

漁師の常連さんとも話が弾む！

酔楽まる太

別海町尾岱沼港町175
tel. 0153-86-2006
営業時間 17:00 ～ 23:00(L.O.22:40)
日曜休

羊を飼いながら、道東を舞台に小説を書く河崎秋子さんに会いに行く

河崎秋子さん　羊飼い・作家
酪農を営む実家でめん羊を飼育している。2014年に「颶風（ぐふう）の王」で三浦綾子文学賞に輝く

別海町の中心部から車で15分ほど。大きな酪農牧場がいくつも並ぶ町で、羊を育てながらこの地域を舞台にした小説を書き続ける一人の女性に会いに行きました。

河崎秋子さんは酪農家の家庭に生まれ、家業を手伝いながら、ご自身は羊を飼育しています。

「酪農も羊飼いも作業ルーティーンが決まっているのでどうしても生活が単調に思えてしまうことがあって。それで本を書こうと…」と河崎さんは小説を書くきっかけを語ってくれました。

＊敷地内の河崎牧場チーズ工房では、自家生乳100%のチーズの販売と見学も受け付けています（要連絡・別海町別海406-139、電話0153-75-8032）。羊肉の販売は不可。

河崎家伝統の味！搾乳したミルクの自家製プリンをごちそうになりました

「国産羊肉の出荷量って鯨よりも少ないんですよ」と河崎さん。羊肉の国内自給率は1%未満。北海道産は国内の約70%を占めているものの大変希少であることに変わりはない。河崎さんの育てた羊は契約先のレストランに直接出荷される

アンテナの高い友人たちの間で話題になっていた「guild Nemuro」へ。ヨーロッパで買い付けた食器や雑貨、洋服やアクセサリーなどを扱っています。オーナーの中島孝介さんは東京で働いていましたが、先に移住していたジュエリーブランド・AVMの古川広道さんに誘われて根室へ。滞在2日間で移住を決めたといいます。

現在お二人は、市から委嘱され首都圏のクリエーターなどの根室移住を手助けするアドバイザーとしても活動しています。

古川さんがショーケースに入ったエゾシカの角を素材にした自身の作品を前にいいました。

「ここは、モノを作るには最適な場所です」

全国的に有名なセレクトショップ 雑音が少ない最果ての町だからこそ 実現するクリエーション

AVMのリング。シンプルでいて繊細なラインを描く、美しいフォルムととても細かい彫刻が印象的

アンティークの陶器や家具のほかに国内メーカーの陶磁器やテーブルウェアも

guild Nemuro（ギルド ネムロ）

根室市昭和町 4-396
tel. 0153-20-4121
営業時間 11:00 ～ 19:00
月・火曜休

DIY精神に溢れるオーナー夫妻が
トーチカの見える海岸に作った
人気のイタリアンレストラン

窯で焼き上げたボリュームたっぷりのカルツォーネ（ピザの包み焼き）。ブラッドオレンジジュースがよく合う

だるまストーブが可愛い！

最果ての岬・納沙布岬に向かう海岸線を走ると、荒れた原野の中に赤い屋根が目に入ってきます。古いライダーハウスだったという建物は、ご主人の林浩司さんが屋根を塗り替え、店内も見事にリノベーションされています。

　便利な場所とはいえない町の外れですが、目の前に広がる海と朽ちたトーチカが見える風景に惹かれて2015年にこの地にオープンしました。

　だるまストーブのある広々とした空間には明るい色使いが可愛らしいテーブルとソファが数席分。

　カルツォーネのほか、地元の魚介を使ったパスタやピザなどもぜひ。

Boschetto（ボスケット）

根室市北洋町 5-94
tel. 0153-27-1931
営業時間 11:30 ～ 15:00(L.O.14:30)、17:30 ～ 22:00(L.O.21:00)
水曜休（連休期間は問い合わせを）

首都圏から移住してきた若いご夫婦が経営する「チーズ工房チカプ」。

　すでにこの地で就農していたお姉様に誘われたときは、夢半分、話半分のつもりで根室を訪れましたが、東京に戻り1週間後には移住を決断。中標津の三友牧場でチーズ作りを学び、2013年にオープンします。ご主人の菊地亮太さんは元システムエンジニア。納得がいくまでとことん突き詰める仕事への姿勢はチーズ作りも同じ、と笑ってお話ししてくれました。

　アイヌ語で鳥を指す店名「チカプ」の通り、近隣の林に集まる鳥や小動物などをあしらった可愛らしいパッケージは、デザイナーだった妻・芙美子さんの手によるもの。

風蓮湖のそば 乳牛の放たれる丘陵に建つ フォトジェニックな チーズ工房

夏の放牧牛のミルクで作った長期熟成のハードチーズが人気

基本的にどれも味見ができるのでチーズ初心者でも安心。好みの幅を広げるのも楽しい

チーズ工房チカプ

根室市川口 54-3
tel. 0153-27-1186
営業時間 10:00 ～ 17:00
火・水曜休

いのちが寝静まる季節を旅する

千歳・安平・苫小牧

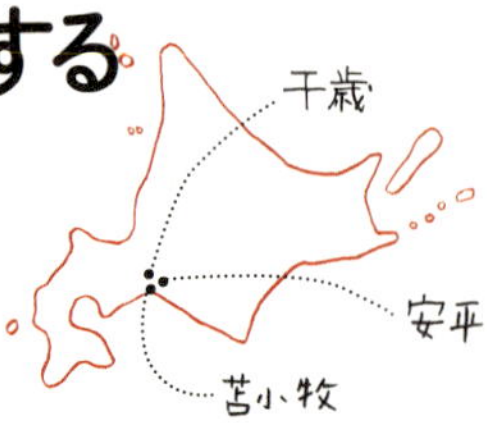

北海道は間もなく訪れる雪のシーズンを前に、草花は散り、眠りにつく季節。一方で落葉し見通しの良くなった森では、夏の間は見つけづらかった小さな動物たちの姿に出会う機会が増える気がします。

今回は野鳥たちが賑やかにさえずる胆振を旅しました。野鳥の聖域・ウトナイ湖では渡り鳥が羽を休め、森の中の素敵なガーデンカフェは、間近に野鳥たちが姿を現す楽園でした。

小さな命の輝きに感激した後は、樽前山の麓で作品を作り続けるアーティストのアトリエへ。自然の中でもの作りに励む姿はうらやましくもありました。

そして、新千歳空港そばの競走馬の生産で有名な安平町は、大きな牧場が点在する酪農の町でもあります。ここにも故郷の大切な味を守る人たちがいました。

千歳川　支笏湖を源流とする石狩川水系石狩川支流の一級河川。
サケの遡上で知られ、関連施設も見学可能

チーズ専門工場発祥の地碑
この地にて1933年、日本初のチーズ専門工場が作られ、大規模なチーズ生産が行われていたことを記す。安平町遠浅

社台スタリオンステーション
安平町早来にある種牡馬を繋養するための牧場。ディープインパクトなど有名馬の放牧を見学できる。0145-22-4600

樽前ガロー　苫小牧市樽前の緑と水の流れがおりなす回廊。高さ5m超の特異な地形の岩肌に数十種類のコケが群生する。現地の看板に従い行動を。電話0144-32-6448（苫小牧市観光振興課）

ウトナイ湖　マガンやハクチョウが飛来し、250種以上の鳥類が確認されるラムサール条約登録湿地。オオハクチョウが越冬し四季を通して渡り鳥や留鳥を観察できる

ウトナイ湖サンクチュアリ　日本野鳥の会による日本初の「野鳥の聖域」に指定。ネイチャーセンターには会のレンジャーが常駐（土日祝日）し、自然観察会なども行う。散策路や観察小屋を設置

千歳川のほとり
野鳥がさえずる森のガーデンカフェ

ドイツソーセージが入ったポトフ。エシャロット入りのドレッシングでポトフの野菜をいただく

雪の季節を迎える準備が整った庭園。華やかさはないけれど、凛とした美しさを感じて

千歳市内から清らかな川の流れに沿うように上流へ向かい、森の中に足を踏み入れると平屋の素敵な建物が見えてきます。

　そこは2千坪の庭が広がるガーデンカフェ。コンサバトリー（イギリスの温室）をイメージしたという草花があふれる店内の大きな窓から、美しい庭が目に飛び込んできます。

　朝摘みハーブや地元の食材、四季折々の山菜などを使ったカフェメニューが人気。食後に広い庭を散歩して、気分をリフレッシュするのもおすすめです。軒に下がったケージには野鳥たちが代わるがわる訪れ、さえずりをBGMにゆったりと過ごせます。

MEON 農苑

千歳市蘭越 1625-6　tel. 0123-26-2007
営業時間 10:00 ～ 18:00（L.O.17:00）
夏期・5 月 1 日～ 10 月 31 日は無休
冬期・11 月 1 日～ 4 月 30 日は木曜休

昭和8年、道内屈指の酪農地帯だった旧早来町（現在の安平町遠浅地区）に作られた国内初の本格的なチーズの大規模工場は、昭和60年に大樹町に移転してしまいます。

大事な産業を失った町で、一旦途絶えたチーズ製造の灯を再びともすため、代表を務める宮本正典さんを中心に作った会社が「プロセスグループ夢民舎」。

地元の生乳を使い少量生産、手作りにこだわり、試行錯誤を重ねたカマンベールチーズには、「はやきた」と名付けました。滑らかでコクがあり食べやすいのが特徴。チーズ工場発祥の地で再び誕生した、こだわりのナチュラルチーズです。

「はやきた」を冠したカマンベールで町にもう一度チーズ作りの灯りをともしたい

地場産の生乳をたっぷり使った看板商品のカマンベール。ほかにスモークモッツァレラやブルーチーズなども好評

夢民舎のチーズは直営の「レストランみやもと」でも購入できる

レストランみやもと

安平町早来栄町 85-1　tel. 0145-22-2131
営業時間 売店 9:00 ～ 21:00
　　　　　レストラン 11:00 ～ 21:00（L.O.20:30）
水曜、第３木曜休（１月は第３木曜も営業）

おいしいそばが作りたくて
そばも野菜も器も作っちゃう

無化学肥料・無農薬を心がけた自家栽培のそばを2割と北海道産のそばを使用。野菜も自家栽培と地元産にこだわる

ミシュランガイド掲載のそばの名店と聞き、緊張しつつ暖簾をくぐると、照れくさそうに迎えてくれた松平哲夫さんは、話好きで明るい方でした。おいしくて安心して食べられるそばを作りたいと、そばも野菜も自家栽培です。

そんなこだわりのそばは、食感も香りも絶品。「自分で全部やらないと気が済まない」と、器も手作り。

夏は閉店後すぐに畑仕事を始め、それが楽しくて仕方がないとか。また、2～4月の期間限定「寒ざらしそば」は、厳冬期にそばの実（玄そば）を清流に浸した後、自然乾燥させて製粉する、手間とうま味がつまったこだわりのそばです。

そば哲

安平町東早来 259
tel. 0145-22-2246
営業時間 10:00 ～ 19:00（売り切れ次第終了）
木曜休

ニセコの工房で金属工芸を学び、１９９９年に独立。旧牛舎を改装しアトリエとギャラリーを開設した金属工芸家・彫刻家の藤沢レオさん。

物腰の柔らかさは、シンプルで懐の深い作品につながっているかもしれません。

若手創作家集団による「樽前arty」を２０１４年、地域の文化芸術振興を目指すＮＰＯ「樽前arty+」に発展させ、地元の小学校で出前授業や一般向けのアート講座なども開催しています。

「アートで世界を豊かにしたいです。それは経済的なものではなく心の豊かさ。まずは近くの人たちを幸せに」と、アートを通じて地区の住民と連携し地域振興も目指しています。

樽前山の麓にて
地域に根ざしたアート活動から
地域振興へ

自然に囲まれた「工房レオ」。広いアトリエは作家たちの夢

藤沢さんの作品は大きなパブリックアートからクラフトまで。
オリジナル家具の制作も行っている

工房レオ / 樽前 arty+

苫小牧市樽前 114（ギャラリー LEO）
tel. 090-5220-9087

開拓期の原風景を探して

札幌

自分の日常がある街を旅する目線で眺めてみる…。

半年続いた北海道中の「おいしい」を巡る旅の最後に選んだのは札幌。何もない原野から、わずか１５０年あまりで１９０万人都市に成長した街の源流を探しに、札幌の中心を流れる豊平川河畔と月寒方面に向かいました。

そこには開拓の頃よりこの街を形作ってきた歴史の痕跡と味覚が残っていました。

酒や醤油などよく口にしていたものが、現在も日常のすぐ隣で伝統の技と革新のもと造り続けられていることに驚きました。

都会の中にあって今も守り続けられている原風景に、ふるさとを思う気持ちを再確認する旅でもありました。

たくさんの人に伝えたいこの街の魅力。

真冬の札幌の旅の記録です。

北海道庁旧本庁舎
明治21年築、「赤れんが」の愛称で知られるアメリカ風ネオバロック様式建築。札幌の代表的な景観の一つで、前の道路両脇のイチョウ並木は北海道最古の街路樹

ミュンヘン大橋　豊平川をまたぎ南区と豊平区に架かる橋。美しい外観で知られ、歩道中央部のバルコニーから景色が眺められる。札幌市南区南30条西8丁目

珈房サッポロ珈琲館 月寒店　住宅街の中のカフェ。建築家・倉本龍彦が自宅として設計。札幌市都市景観賞受賞。札幌市豊平区月寒西1条7丁目1-1、電話011-856-1105

アンパン道路　明治44年、月寒中央通七丁目から平岸通に抜ける道路建設に協力した兵隊たちに、住民がアンパンを提供し労をねぎらったことが由来

西岡公園　公園内の水源池は明治期に旧陸軍の水道施設として造られた。取水塔は国の有形文化財

豊平川　札幌の中心を流れる全長約73キロの一級河川。運輸、製造の急速な近代化には欠かせない水資源を補っていた。札幌市街地の大半は川の造った扇状地上にある

八紘学園 北海道農業専門学校（旧吉田牧場跡）八紘学園資料館となっている旧吉田牧場畜舎と札幌軟石のサイロ。明治後期築のサイロは昭和18年頃に改築。札幌市豊平区月寒東2条14丁目1-34

札幌農学校第2農場
明治9年、札幌農学校初代教頭クラーク博士の構想により北海道初の畜産経営の実践農場として開設。10棟の日本最古の洋式農業建築。札幌市北区北18条西8丁目

100年前から同じ製法 豊平川の伏流水を使った醤油造り

「苗穂」の地名はアイヌ語で「小さな川」を意味する「ナイ・ポ」。豊平川の豊富な伏流水に恵まれ、先人たちが近代化に情熱をかけた工場跡などの痕跡があちこちにあります。

「トモエ」の醤油で知られる、福山醸造は大正7年、水の良さからこの地にれんが造りの工場を建設しました。建物は当時のまま。前身は福井県の回船問屋でしたが、北海道が大豆の産地であったことから札幌で醤油醸造業を始め、今年で創業125年を迎えます。札幌に北海道で初めての電灯がともった頃でした。

現在も敷地内からわき出す良質な地下水を使い醤油を製造しています。

もろみの圧搾機。醤油には北海道産の大豆や小麦のほか、道産の原料が積極的に使われている

歴史ある醤油蔵は見学（約5～80名様）が可能。所要時間はレクチャーから工場見学まで約1時間

福山醸造

札幌市東区苗穂町2丁目4-1
tel. 0120-120-280
営業時間 9:00 ～ 16:00
土日曜・祝日休

水の恵み脈々と　札幌の地酒の仕込み水は江戸期の川の流れから

工場向かいの「千歳鶴 酒ミュージアム」では試飲と購入ができる。杜氏自慢の仕込み水も飲める

明治5年に創成川のほとりで創業した柴田酒造店をルーツに、昭和3年から日本清酒となり「千歳鶴」を統一銘柄とした

豊平川のほど近く、昭和34年に建てられた大きな工場は当時としては最大級。

札幌の中心部にこれだけの規模の酒造り工場があることを知らない人も多いのでは？

地下150メートルから汲み上げる豊平川の伏流水は、200年かけてろ過されながら地中のミネラル分を吸収し、そのミネラルが酵母の栄養になるといいます。鉄分やマンガンが少なく雑味のない水は酒造りにも最適だとか。

先代5代目杜氏で顧問の佐藤和幸さんは、笑いながら「江戸時代の川の流れが地下に染み渡り地下水となった自慢の水。本当は水を売りたいくらい。この水があるから、うちはここにいるといってもいいんですよ」といいます。

千歳鶴 酒ミュージアム

札幌市中央区南3条東5丁目1
tel. 011-221-7570
営業時間 10:00 ～ 18:00
無休（年末年始除く）

豊平川の恵みは文化を育む
美しくスタイリッシュな和装で新たなステージへ

デニム素材のスタイリッシュな和装ブランドを展開

5代目の野口さん「若い人に着物を普段着として着てほしい」

JUBAN Tシャツ。襦袢も着やすいTシャツに

「菊水」の名は、ここで農場を営んでいた地主「菊亭脩季」と豊平川の水に由来するとか。戦後、創業者が地下水の豊かさに惹かれて京都から菊水に移ってきた野口染舗。

着物の染み抜きや染め直し、修復の専門店です。5代目の野口繁太郎さんによると、移転時、一時、地下水が使えなくなった時期があり水道水を使って染めたところ、染め色がムラになってしまったとか。染めは水を大量に使う仕事。水の質が仕上がりを大きく左右するようです。

今、野口さんは若者も洋服感覚で楽しめるジーンズ着物を考案し、和装の裾野を広げる活動もしています。

野口染舗

札幌市白石区菊水8条2丁目2-9
tel. 0120-12-4447
営業時間 平日 9:00 〜 17:30 ／土曜 9:00 〜 15:00
日曜・祝日休

隠れ家？ いやいや、食で季節を伝えてくれる実家のようなお店

節目節目に利用している大切なお店が「味の蔵 吉岡」です。割烹で修業経験のある吉岡旺峻・侑綺子さんご夫妻が笑顔で迎えてくれます。

すすきのでお店を開いて四半世紀。常連客で賑わう店内はメニューを見て注文する人はほとんどいません。「旬のものをお願いね、という人が多いの」と侑綺子さん。

北海道の海・山・川のものといった季節の食材がいつも揃っており、おすすめのメニューはその日の仕入れ次第で変わります。

当日は旬のハタハタや、お二人が拾った銀杏も並びました。四季の移ろいを料理から感じられるのはうれしいもの。誰かに教えたくなる、そんなお店です。

えりも産の生のハタハタの魚田（味噌焼き）。ぷちぷちとした食感の卵がぎっしり。日本酒にぴったり！

味の蔵 吉岡

札幌市中央区南 4 条西 1-7 パーキングとわビル 2F
tel. 011-210-6669
営業時間 18:00 ～ 23:00
日曜・祝日休

かつては羊たちが草を食む広大な牧場
ここはジンギスカン発祥の地

シニアソムリエの千田祐司さんおすすめの赤ワインを一緒に。「夏の暑いときはキリッと冷えた白ワインも合いますよ」

窓から見える丘が広がる景色に、クラブ設立当時を思う

広大な八紘学園の敷地にあるジンギスカン発祥といわれるお店。

学園の創始者・栗林元二郎が戦後、野戦料理だった「ジンギスカン」を満州から持ち帰り、焼き方やタレを工夫して振る舞っていたのが評判となり会員制のクラブを結成。現在のお店になったといいます。

甘辛いタレに漬け込むジンギスカンもありますが、ここは生マトンを炭火で焼き、スパイスの効いたタレで食べるのが作法。子羊の肉「ラム」とは違い、生後1年以上の成熟した羊の肉「マトン」を使っているのも当時のまま。また、ソムリエもおりワインの種類も充実しています。

ツキサップじんぎすかんクラブ

札幌市豊平区月寒東3条11丁目2-5 八紘学園農場内
tel. 011-851-8014
営業時間 11:00 ～ 21:00
水曜・年末年始休

100年の歴史を持つ札幌銘菓
ルーツに街の発展の痕跡を残す

「アンパン道路」で知られる月寒には、かつて、あんぱんを売る店が7店ほど軒を並べていましたが、戦後「月寒あんぱん」の製造を再開したのは「ほんま」だけでした。

「この地区の大沼甚三郎さんという菓子店主が当時銀座で流行っていた木村屋の桜あんパンを想像して作ったら饅頭になったようなんです（笑）」と本間幹英社長。

大沼さんから作り方を習った人たちが次々に月寒あんぱんを売り出し、その一人が創業者の本間与三郎さんでした。創業110年、時代に合わせて若干小ぶりになったものの、材料の種類から製法、包装デザインまで当時から変わらず。今では全国にもファンを増やしつつあります。

「実際に発酵はしていないので、パンではなく饅頭なんです」と本間社長

創業当時の大きさを再現した復刻版や、こしあん、かぼちゃあん、黒糖あんなどバリエーションも様々

月寒あんぱん本舗 ほんま 月寒総本店

札幌市豊平区月寒中央通8丁目1-10　月寒中央ビル1F
tel. 011-851-0817
営業時間 9:00 ～ 19:00
無休（年始を除く）

戦前の札幌の記憶を残す昭和の彩り
田上義也の建築を訪ねて

水平基調のデザインは田上の生涯唯一の師匠、フランク・ロイド・ライトの影響が大きい。ライトが率いる旧帝国ホテルの設計事務所で働き始めたのは田上20歳のとき

ガラスの間仕切りや扉、ランプシェードなどの意匠の多くは田上のオリジナルデザイン（復刻）

札幌の街を見下ろす藻岩山の麓。

折り紙のように幾重にも重なる三角屋根と、シルエットに調和するような幾何学模様の窓が印象的な建物は北海道帝国大学農学部教授 小熊捍《まもる》の邸宅として円山に建てられ、移設保存されたもの。今は昭和初期のモダンな雰囲気を楽しめるレトロな喫茶店として利用されています。

この瀟洒《しょうしゃ》な洋風建築を設計した田上義也は、大正から昭和初期に北海道にたくさんの印象的な建築を残しています。函館のプレイリーハウスや遠軽の黒い教会、焼失してしまった小樽の坂邸は映画「Love Letter」の舞台になりました。

ろいず珈琲館（旧小熊邸）

札幌市中央区伏見5丁目3-1
tel.011-551-3939
営業時間10:00～20:00
月曜休（祝日の場合は翌日休）

裏
Eatrip

あふれ出る旅のエピソード

そらのEatrip

2015年5月末から収録が始まった
「Eatrip　北海道・おいしい一人旅」。
半年に及ぶ「eat」と「trip」の日々が終わり、
日常に戻ったそらさん。
当時の旅を振り返りつつ、自分にとっての旅のこと、
旅をスクラップブックで表現したときの思い、
そして、その後の変化などについて語ってくれました。

一人旅は、自分との時間にしたい

今までは忙しくてほとんど旅をする余裕がなかったそらさん。仕事を除き、一人旅をする機会もなかったといいます。

――番組での女子一人旅はどうでしたか？

実は、自分は旅が好きだったんだということを番組で気がついたんです。あまり積極的なタイプではなくインドア派なので、今まで一人で知らないところに行くという一歩が出なくて。そんな変化をおもしろいなと思いました。

――実りのある旅だったようですね。

いろんな人たちとの出会いが大きな収穫でした。訪れる土地の歴史なども知ることができるし、現地の方とのふれあいも新鮮で、結局は「人」だと感じました。

一人旅だから本当は一人なんですけど、普段より余計に人を感じるんです。日常であれば、通り過ぎてしまうけれど、一人旅では逆に会話をしたくなるんですね。旅は人を正してくれるというか、謙虚にしてくれるものなのかもしれません。普段は自分から話しかけないような場合でも、旅がきっかけをくれる。

相手に踏み入ることになるので、知らず知らずのうちに謙虚になるんです。例えば、海外に行くと、わからないことだらけなので、教えてもらわないといけないし、時には助けてもらわないといけない。

――旅に持っていく物は？

海外にはデジカメ、国内だとアイフォンを持っていきます。

写真が旅の思い出になるんです。お土産代わりかな。物もいいけれど、その場の空気や旅の雰囲気をぽんと持って帰れるのが写真。見返すと、「こんなところに行った」「このときこんなこと考えていた」ってすぐに振り返れますよね。思い出せるし、誰かにも伝えられます。

――旅のお土産はどんな物を選びますか。

その土地の人たちが作ったちっちゃい物がいいです。

ちっちゃい物を並べて旅の標本みたいにしてガラスケースに入れてみたいです。

現地の物なら、クルミとかでもいいですよね。このクルミは、美唄のクルミ農園のお母さんと出会って、収穫もお手伝いしたときの物です。

子どものころ親から海外の星の砂とかをもらったらうれしかったし、拾った葉っぱも押し花になるし、場所や季節などの記憶もお土産になると思います。

道内であれば、その土地のワインやお酒をプレゼントして、あとは自分で思い出しながら飲んだり（笑）。

——自分にとって旅の目的とは？

思想にふけったり、新しい何かを思いつかないかなと思いめぐらせるというか。自分との対話の時間にしたいという思いがあります。

例えば列車に乗ったとき。車窓から海や山が見えて、揺られている音を聞いていてパッといろんなことがひらめいたりするんです。飛行機とかも同じです。

それは、その土地特有の自然や風景と向き合って、自分と対話をしている感じなんです。非日常に足を踏み入れるときに、ひらめきがあるんです。ぼーっとできる時間があるとひらめきに結びつくことも多いです。

あと、物悲しい時間というか、一人旅だとちょっと切ない気持ちになる。でもその切なさがなぜか心地よく感じて…。そんな時間に自分について考えられたりします。

——いずれにしても一人の時間ですね。

誰かと話しているときはその方との世界ですが、人は結局自分で立って生きているから、自分がどう生きるかを深く考えてしまいます。ただ、忙しいとなかなかそういう時間をとるのは難しい。普段は制作とか違うことに重きを置いているので、自分を後回しにしているとは思いますね。

スクラップブックが旅をより鮮明によみがえらせてくれる

そらさんは、番組の最後で必ず一つのスクラップを作成しています。その数全部で25点。訪れた場所や出会った人たちのスケッチ、ポラロイド、そして感動を短い時間でまとめ上げていきました。

——今回のスクラップブックで好きなページはありますか？

たくさんあるんですけど…。あえていうなら、札幌、北見（留辺蕊）、池田、別海、根室あたりでしょうか。

札幌の収録の朝は、思わぬ急な雪の訪れがあって、コンクリート色の札幌の街が、一夜にして真っ白になったんです。

雪景色の西岡公園も印象的でした。感銘を受けて「絵にしたい」と強く思って描きました。今もそのときのことを思い出せるんです。

あと、留辺蕊の白花豆のつるが上にぐんぐん伸びていく様子は上手に描けたように思います。まるでジャックと豆の木みたいな感じ！　あと、羊が池田町の丘を飛ぶようにぼんぼん、元気に自由に駆け上っていく様子も、印象的でした。

——番組でスクラップブックを取り入れたのは？

旅の景色を切り取る一つの手法としてスクラップブックにまとめるのはおすすめです。

番組では使用しませんでしたが、旅の

しおりや切符、チケットの半券も、絵や言葉とともにスクラップブックに盛り込んでいくと良い思い出になると思います。

今は、ＳＮＳや写真などが発達しているので、そのままでもいいんですけど、スクラップブックにすると温かみがあって、旅が薄れず円熟味を増してよりいい思い出に変化していくような気がします。絵手紙みたいな感じでしょうか。

――スクラップブックのいいところは？

ページをめくると空気を思い出すんです。

例えば、根室だと、この日はとても寒かったんです。自分が地球の上にぽつんといて、目の前にどこまでも続く水平線があって、吹きさらしの風がビュービュー冷たく当たるんです。「あぁ、生きてるんだ」という感覚を抱きました。そこに一羽のかもめがすーっと飛んでいく情景が一気に思い出せる。そういった「感覚」がスクラップブックに閉じ込められているから、持ち帰って後でほかの作品に反映したいと思ったときに、感覚がよみがえりやすいんです。感覚を持ち帰りやすいとでもいうんでしょうかね。

――最初は繊細でたくさん描き込んでいますが、後半はダイナミックになっていますね。

旅が進むにつれて、だんだん構図が変わってきているんです。後半は、伝えたいことがより鮮明になってきたからなんです。

これおいしかったな、この景色よかったなとか、感動したことを紙からはみ出るくらいの勢いで描くようになっていますよね（笑）。

実は、番組の最初は手探りで、情報をたくさん細かく載せようと思っていたんです。でも、白花豆ってすごい上まで伸びてるんだ！　というような感動を次第に大きく描くようになっていきました。

そら
札幌市を拠点に活動する、絵本作家、画家、イラストレーター。

主な代表作に、JR 北海道 IC カード乗車券「Kitaca(キタカ)」のキャラクター『エゾモモンガ』、北海道観光 PR キャラクター『キュンちゃん』などがある。

主な著書に、「ほしをつかまえたおうじ」(MG BOOKS)、ギフト絵本「赤い糸」(パルプ出版)など。

ライブ・ペインティングや講演のほか、読み聞かせ活動を共にするギター・ユニット「THE NORTHERNLIGHTS(ザ・ノーザンライツ)」の 1st Album(同題)では、自ら作詞・作曲を手がけた楽曲「三日月」に、北海道が誇る歌姫・福原美穂さんと共に客演参加するなど、マルチな活動も魅力。

www.sora-office.com

究極をいうと、たった豆一個でもいいのかもしれないと思うようになりました。
　でも、たくさん書き込んでおくと、見る方にも親切かもしれませんね。ただ、そこは好き好き。自分の感動をそのまま筆に落とし込んでいけるといいなと思いました。

――たくさんの旅を描いてみて、変化はありましたか？

　今までは仕事で旅をする機会が多かったので、時間がなくて写真で残していましたが、これからは一枚物の絵にして残したいとか、いろんな思いが新たに芽生えてきました。自分の旅に対して、集約する能力を身に付けたいなと。

――一般の人には旅を描くってハードルが高いと思いますが。

　水筆と固形水彩と小さいスケッチブックがあれば、かばんに収まるので旅にも便利です。得意不得意は後回しにして、旅を絵に描いてみる余裕ができれば素敵ですよね。私ももっと実践したいと思っています（笑）。
　あと、帰ってきてから描くのも楽しいんですよ。デジカメの画像などを見ながら、旅を反すうする感じで、より楽しめるんです。旅をもうひと回りしたような気持ちになれる。準備やガイドブックを見るときから旅が始まると思うので、帰ってきてから写真を見返して、そして旅が終了。番組では、旅先でスクラップブックをまとめましたが、帰ってきてからでも楽しいですよね。

旅を知ると、より旅をしたくなる

番組ではじめての一人旅を経験し、旅の良さ、楽しみ方を発見したそらさん。新しい目線が生まれたようです。

――印象に残る人はいますか？

　皆さん!!　なのですが、特に農家の方たちが楽しそうに作物を作っている姿が印象的でした。天候や大変なことも乗り越えて収穫した作物を手にしているときの笑顔や、自身で作ったお米でできたお酒を飲んだときにうれしかった、というお話を伺っているうちに、私自身が収穫する喜びの大きさを知り、食に対する意識が深くなりました。食べるときにその方たちの笑顔を思い出すようになったんです。食イコール人と、結びつくようになったのかな。
　あと、北見で焼肉に飛び入り参加させてもらって、その女の子たちの元気な姿も印象深いです。皆さんに受け入れていただいたのが楽しい思い出で、偶然の出会いがよかったです。一人だから、周りもウエルカムしてくれるのかもしれませんね。

——強く心に残る場所はありますか？

別海の景色は日本にはあまりないかなと、海外のような感じです。物思いにふけるには絶好の場所です。札幌や東京からだと飛行機ですぐ別世界に行けるのはいいですね。

——印象に残ったお料理はありますか？

常呂町のカスベのムニエル。一流の腕前でオホーツク海の新鮮な魚をリーズナブルに提供しているお店です。由仁のアルザス地方の料理・シュークルートガルニも珍しかった。流氷ソーダはすごくおいしかったし、実際に行かないと出会えない味ばかり。

「おすすめはなんですか」と聞いて出してもらうと、普段、自分では選ばない意外な発見とおいしさに出会えました。

——もう一度行きたい場所はありますか？

すぐにでも行きたいのが増毛町。

昔ながらの北海道の港町にタイムスリップできる貴重な場所です。山の物、海の物も！　潮風に吹かれて山の物もおいしくなるそうです。そして、増毛のお野菜などを使った、ルルロッソのピザもおいしかったです。

江差町は北前船の運んだ文化があって、函館のれんがの港町のイメージとはまた違った魅力があると思いましたし、十勝は裏切ることなくおいしい物ばかりですね！

千歳市のミオン農園は、野鳥が好きなので毎日行きたいです。というか、普通に住みたいと思う場所（笑）。

あと、別海・根室（納沙布岬）も行きたいです。別海の景色には、アート的な感覚を揺さぶられましたし、今度は打瀬舟をぜひ見たいです。

——番組の旅の最後はそらさんが暮らすまち・札幌でした。

新しい目線でしたね。旅の気持ちを残したまま行くと、こんな風に見えるんだという発見がありました。「千歳鶴」や「福山醸造」なども、地図で見ると札幌の町の真ん中にあることがわかって。同じ豊平川の伏流水でも、ミネラルの濃度によってお酒にむくとかお醤油にむくとかがあることも知りました。

工場見学はとてもおすすめです。歴史も同時に学ぶことができますし、一石二鳥。資料館も勉強になりますね。

——番組後の変化はありましたか？

単純に一人旅したい！　という欲求が強くなったんです。不思議なんですが、旅を知るとより旅をしたくなる。おいしい物を食べるとよりおいしい物を食べたくなるのと同じですよね。

もともとはインドア派なのにアウトドア派になったのか、フットワークが軽くなりました。番組をきっかけに（鈴木）カントクにいろいろと提案してもらった旅に乗ることで、コツを捕まえて、楽しみ方を知ったんだと思います。

これからは、酒蔵やワイナリーにも積極的に行ってみたいです。店員さんに声をかけて聞いてみたい。知らないことだらけなので、たくさん聞いて教えてもらおう！　と思いました。新鮮さも増しますよね。

——食に対する意識も変わったようですね。

実際に生産されている場所に行って、五感で味わって、食することの大切さも知りました。

畑に立ち寄る楽しさを教えてもらったのは、十勝の「いただきますカンパニー」。食の豊かさ、大地の恵み、育てた人の思いや笑顔に触れることでおいしさが何倍にも膨らみます。収穫などを体験して食べて、農について教えてもらえる素敵なところを知りました。まさに、「eat」と「trip」が合体してますね（笑）。

——アーティストを訪ねたときに、特にテンションが上がっていたのが印象的でした。

はい！　由仁の陶芸家でカフェもされているケイトポムフレットさんや、農家の納屋や学校を改装して使っていた方たちにも会いました。そんな制作活動をしている姿を見ると憧れます。道内外、海外からもいらっしゃって、新しい人生を始めている姿がほほえましくもあり、輝かしくもあり。時間の流れが自分と違うような気がして触発されました。クリエイティブなことをしている方たちともっと、出会いたいと思いました。

——最後に、個人的に旅したい場所を教えてください。

以前、仕事で行った礼文島に、もう一度ゆっくり一人で滞在したいと思っています。高山植物などの図鑑を持って野鳥や植物をじっくり見てみたいですね。

ウトナイ湖へは、子どもの頃に書いた野鳥観察日記を撮影に持っていきましたけど、野鳥や植物の好きな父の影響なんでしょうかね。

せっかく北海道にいるので、動植物に興味を持つと新たな感動があるかと思うんです。最近は、木の葉が気になっていて、何の木の葉なのかがわかるようになるといいなと思っています。

そして、アイヌの歴史や古代の壁画、小樽の古代文字や中空土偶とかを勉強してから、関連する場所を巡りたいです。本や図鑑で勉強してから行く「発見の旅」がしたいですね。あと、結婚などを機に遠くに行ってしまった友達にも会いに行きたいです。

旅したい場所がたくさんありますね（笑）。

スタイリスト 石切山祥子 × **カントク** 鈴木謙太郎

ファッションは人を映すもの　食の生産現場で気付いたこと

放送業界に限らず、広告や舞台美術など様々な世界で有名スタイリストとして知られている石切山さん。その存在感とは対照的に、小柄で、話してみると優しくて親しみやすいお姉さま。ファッション面での絶対的な信頼に加え、「Eatrip」チームにとってなくてはならない、精神的支柱でもあった。

石切山祥子
スタイリスト。大学卒業後、会社員の傍ら小室哲子さんのスタイリスト塾で２年間学ぶ。1988年にフリーランスとして独立し、2000年、スタイリスト事務所「スプートニク」を立ち上げ、テレビ番組、コマーシャル、広告スチールなど撮影の仕事で活躍。衣装をはじめ、インテリアや家具、食器、料理、雑貨など幅広いスタイリングを手がける

生産農家さんの現場に立つ本気度が違って見えた

鈴木　最初、番組の話を相談させてもらったとき、どんな風に思いました？

石切山　大人の女性の一人旅だから、シックなイメージでいたのね。カッコいい服を着て、北海道の景色の中でも目を引くようなスタイリング。

鈴木　最初、僕もそんなことを言ってたんですよね。ジェーン・バーキンの若いときの写真とか見せて。

石切山　でも、実際に生産農家さんとかにお会いすると、そのツナギや作業着がカッコよくて！　機能性はもちろんだけど、仕事の現場に立つ本気度が違って見えたの。そして、そういう意味での見た目のこだわりもすごいあるように思った。

鈴木　僕もそれは思いました！　若い農家さんが多かったのもあるかもしれないけど、生産者としての意思表示みたいなことが見た目に現れている気がしました。

石切山　そうなのよね。それからは、そらちゃんのために選ぶ服も、見た目の華やかさや映像としてのアート性よりも、素材の良さみたいな本物志向に向かっていったの。

鈴木　天然素材とか、そういった感じですか？

石切山　そう。それと形ね。着心地が良くて機能的でいながら、シルエットも美しいもの。

鈴木　そういった意味で印象的な衣装ってありますか？

石切山　小樽のときの衣装は、旅のカジュアル感と洋服の本物感がうまくバランス取れた気がする。

石切山さん愛用の仕事用かばん。
北海道のライフスタイルに合わせて
作られた「SOUTH2 WEST8」のもの。
ハードな使い方でも大丈夫な優れもの

洋服は、内面をさらけ出すもの

鈴木　あの衣装は素敵でしたね。そらちゃんにすごく似合ってました。

石切山　結局おしゃれって、着飾ることではなく、その人自身の内面を見せることだと思うのね。そういった意味でも、そらちゃんのまっすぐな感じとか、内面が見えるようにしたかったの。

鈴木　最後のロケは札幌でしたが、シルエットだけでも見せれるようにして欲しいってお願いしたんですが、覚えてますか？

石切山　覚えてる覚えてる！　そうだよね〜、わかる！って思った（笑）

鈴木　雪景色だし、白や灰色が多いなかで色を省くのって普通やらないことですが、半年間の旅の最後はシルエットの美しさに想いを重ねたいな、って思ったんです。

石切山　それはなんとなく感じてたから全然問題なかった。最後までチャレンジを要求される現場って、やってて楽しいしね！（笑）

旅の便利ファッションアイテム

鈴木　石切山さんが旅に必ず持っていくものとかありますか？

石切山　シワになりにくい素材で、くるっと丸めて荷物にならないようなワンピースとかは必ず持っていくかな。食事のときとか、カジュアルなままだとおかしいしね。大きめのイヤリングやネックレスなんかも、そんなに荷物にならないし、持っていくようにしてる。あと、羽織るものもあると便利よね。

鈴木　（カメラマンの）藤倉も夕食の席では必ず着替えますね（笑）。彼ほど目立ちませんが、僕も着替えるようにしてます。

石切山　あと、アウトドアなんかでも、なるべくシンプルで、タウンカジュアル的に着られるものを選ぶようにしてるかな。それと靴。レースアップの履きやすい靴がおすすめ。行く先があまりハードな場所じゃないなら、歩きやすくておしゃれなものを選びたいよね。

鈴木　最後に、番組を通して印象に残ったことってありますか？

石切山　根室で取材した「guild Nemuro」さんやジュエリーデザイナーの古川広道さんたちのことがすごい印象的だったなぁ。根室っていう土地で、トレンドに流されずに自分たちの素直な思いを形にしている感じがするの。素敵な生き方だなぁって思った。これからモノづくりを目指すような若い人たちには心からすすめたいな！

カントクとカメラマンの「ロケハン日記」

2015年7月から放送が始まった「Eatrip　北海道・おいしい一人旅」。取材は春に始まり、当時並行してロケハンも始めていた。ちなみにロケハンとは、ロケーションハンティングの略だが、タイトなスケジュールでは下見や撮影交渉も兼ねていた。

ぽっちゃりカントク（監督）・鈴木謙太郎（右）と、誰よりも目立つカメラマン・藤倉翼

ホタテ天丼とリサイクルショップ

カメラマンの藤倉翼と僕は、春は集中的に上川、空知地方をロケハンしていた。もっぱら高速道路での移動になるため、昼食は砂川サービスエリアでホタテ天丼を食べるのがお気に入りだった。

ボリューム満点な上に肉厚のホタテがおいしい。北海道のサービスエリアの食事は道外の人にも自慢したいポイントの一つだ。

そんなある日、美唄を中心に回っていたところ、藤倉が一軒の店の前で立ち止まった。そこはリサイクルショップ。

見つけたのは古めかしいサイドボードとビロードのハイチェア2脚。それぞれ3000円くらいのすさまじい安値だったため即購入。車の荷室に家具を満載にして札幌へ戻る。

その真っ青なハイチェアは、現在は僕の事務所に鮮やかな彩りを添えてくれている。

事務所のカウンターキッチンに色気をプラス

4月下旬の美唄は田植えのシーズン前だった

ホタテ天丼

砂川サービスエリア
tel. 0125-53-3797
営業時間
7:00 ～ 21:00（4 ～ 11 月）
9:00 ～ 19:00（12 ～ 3 月）
＊ホタテ天丼は仕入状況により販売中止の場合あり

喫茶店「貞廣」

番組で紹介していないお店の一つ、砂川の喫茶店「貞廣」。

昭和の純喫茶は札幌市内でこそ見かけなくなってきたけれど、地方では健在だ。見るからに昭和の出で立ちを自然に着こなしている藤倉の後をついて中に入ると、籐のパーテーションで仕切られたボックスの椅子はキツツキマークのロッキングチェア。

壁には日本全国から集められたキーホルダーがビッシリと並んでいた。すごいねぇ、なんて二人で話しをしながら30分ほど休憩。

おそらく常連さんの好みに合わせているのであろう、ちょっと温度高めのコーヒーは一杯350円。

江差町にて。昨日は道南、今日は道央。半年のロケハンで14,000キロを走り抜けた

貞廣
砂川市東1条北2丁目1-19
tel. 0125-52-2382
営業時間
8:00～20:00
不定休

函館名物 カレーとハンバーガー

広い北海道を旅するのは大変で、ロケハンともなると寄り道したり、良い景色を探したりなどで一日の走行距離が800キロに及ぶことがある。

長い間そんな仕事を続けてきたせいで僕らにとって函館は日帰りの距離。

函館といえば必ず食べに行く場所がある。

元祖「インドカレー 小いけ」だ。

カレー粉のスパイシーな風味がドンとくるここのカレーは、一度食べるとクセになる。この日はハンバーグカレーにしたが、カツの衣とスパイシーなルーが絡むカツカレーも大好きだ。

帰りには大沼公園インターチェンジ手前で「ラッキーピエロ 森町赤井川店」に飛び込む。

函館まで来るとチャイニーズチキンバーガーを食べないで帰ることはほとんどないかもしれない。

大好きなカレーを待つご機嫌な藤倉

インドカレー 小いけ
函館市宝来町 22-4
tel. 0138-23-2034
営業時間 11:00～15:30
無休（1/1～3を除く）

ラッキーピエロ 森町赤井川店
森町赤井川 125
tel. 01374-5-3323
営業時間 10:00～24:30
（土曜のみ 25:30まで）
無休

回転寿司「羽衣亭」と「有楽町」

同じように、その町に行くと必ず寄る店が帯広にもある。

豚丼ではない。回転寿司だ。

その名は「羽衣亭」。国道38号沿い、札内川を渡ったところにある。芽室町や音更町にも支店がある。

藤倉が「注文してからの待ち時間を心配しなくていい」ともっともらしいことをいうので僕もその気になり、15分でも時間があると店に向かうようになってしまった。

ネタが新鮮でおいしいし、メニューも豊富。ぜひおすすめしたい。

帯広までは高速道路の延長により最近は日帰りが多くなった。夜に地元のお店に行くことも少なくなったが、時間があれば必ず行く店がある。

西帯広の「有楽町」。帯広市だけど「有楽町」。ジンギスカンのお店だ。ここで強力におすすめしたいのが「ホルモン」。そして「うどん」のトッピング。店員さんが鉄の鍋を持ってきてくれて、タレのついたホルモンを鍋へ。次にうどん、最後に水を足す。これがとにかくおいしい。

回転ずし 羽衣亭 札内店
幕別町札内西町 66-1
tel. 0155-67-7761
営業時間 11:00 ～ 22:00
無休（元旦除く）

有楽町
帯広市西 23 条南 1-39
tel. 0155-37-2805
営業時間 11:00 ～ 21:00(L.O.)
（ランチ営業有）
火曜休（月に 1 度不定休あり）

ホルモンにうどんのトッピング。ビールをかっくらう

そば処 いなだ屋 置戸本店

オホーツクをめぐるロケハンの行程は2日目に入り、北見から訓子府にかけて続く美しい農村の風景を眺めながら置戸町へ。

オケクラフトは数多く目にしていたが、現地は初めて。

森の中に見えた美しい町での取材の最後に、ロケ時のスタッフ全員分の食事の確保に走る。

10人ほどで移動するた

め大きめの飲食店でないとむしろ迷惑をかけてしまう。それに、せっかくならその土地の有名な食事をいただきたい気もするのでせっせと調べるのだ。

置戸で教えていただいたのが「そば処 いなだ屋 置戸本店」の卵でとじないカツ丼。サクサクのカツと粒のたったご飯。それらにからむタレがおいしい！

北見から
訓子府へ向かう。
道沿いには
玉ねぎや
ジャガイモ畑

そば処 いなだ屋 置戸本店
置戸町置戸 94-1
tel. 0157-52-3772
営業時間 11:00 ～ 21:00(L.O.20:00)
月曜休（祝日の場合は翌日）

北見の吉田愛さん

ここで、北見で僕らを出迎えてくれた北見市観光振興課の吉田愛ちゃんのことに触れないわけにいかない。

取材にあたってはたくさんの役場の皆さんにご協力いただいたのだけれど、彼女との交流はロケハンで出会って一年経った今も続いている。その多くは仕事の相談なのだが、彼女の話を聞いていると３００キロ離れた町の様子が伝わってきてすぐに行きたくなるのだ。

さらにそんなやり取りの間に自分の会社に迎えた新人が北見出身だったり、僕の妹が北見に嫁ぐことになったり、愛ちゃんに出会うまで縁もゆかりもなかった町が、とても身近になった。

他にも顔が見える相手がいる町がたくさんできて、天気予報を見るたびにその町のことが気になったりするようになった。地震があったと見ればすぐに無事を知りたくなる相手がいる。

北見市観光振興課・吉田愛さん
彼女をはじめ、
道東・オホーツクエリアの
観光振興に関わる
女性たちで作ったグループ
「Re ♡ Birthプロジェクト」にも注目

ケーキショップ　おのでら

　秋も深まったむかわ町と占冠は一人でロケハン。

　地元の観光協会さんと観光コーディネーターや広報などの仕事をフリーでやっている古くからの友人・山岸奈津子ちゃんが完璧にコーディネートしてくれていたので、あちこち楽に見て回れたのだが、ふと思いついてむかわ町に老舗のお菓子屋さんがないか探してみた。

　町の人に紹介してもらったのが「ケーキショップ おのでら」。番組でご協力していただいた「灯泉坊」（本書P69）の隣にある。

　ショーケースにあるショートケーキのサイズ感がどうもおかしい。よく見るとケーキがおかしいのではなく、ケーキに乗っているイチゴがとんでもなく大きいのだ。ご主人に聞くと、イチゴはむかわの農家さんのもので、まだこれだと小さく、一番大きい時期になるとケーキの土台がイチゴの重みで壊れるほど大きいとのこと。

　それは、ぜひとも見たい！と思ったのだが、季節がまだ早く収録には間に合いそうもないので撮影はあきらめた。だが、またこの町に来る理由ができたと考え、それでも十分に大きなイチゴが乗ったショートケーキを買って帰ることに。

ケーキショップ おのでら
むかわ町末広１丁目 71
tel. 0145-42-2057
営業時間 8:30 ～ 20:00
日曜休

鵡川の河畔にある「シシャモパーク」の水飲み場もシシャモ

飛行機とお尻

　番組も後半になって最後の遠出は別海、根室だった。先に長距離運転なんて慣れたもの、とか言いながらこのときは飛行機で向かった。

　これには理由がある。

　実は常呂町と遠軽を回るロケハンから戻ってきてから「痔瘻」になってしまったのだ。

　医者によるとドライブそのものよりも、疲労による抵抗力の低下が原因

走古丹の港から風蓮湖に落ちる夕陽を眺める

らしい。

　おかげで2本もロケをすっ飛ばし、別の現場では動けなくなるほどまでになった僕に対する目は厳しくなる。

　治療後は元気一杯に振る舞ってはみたものの、お尻を酷使する長距離ドライブは禁じられてしまったわけだ。

　根室中標津空港まで千歳から一時間弱の旅。驚くほど近く感じる。

　予約していたレンタカーに乗り別海に向かったのだが、景色や人、食に魅了されているうちにすぐに日が落ちてしまった。

　急ぐ用事もないのでのんびり車を走らせていたら次々と鹿が飛び出してきて冷や汗の連続。

　治療済みのお尻もムズムズしてくるほどの緊張感だった。

根室中標津空港。
千歳から
50分の空の旅

風蓮湖の開口部の集落
「走古丹」に向かう
道道475号沿いに
仲良く3つ並ぶ建物。
愛称「3匹の子ぶたの家」

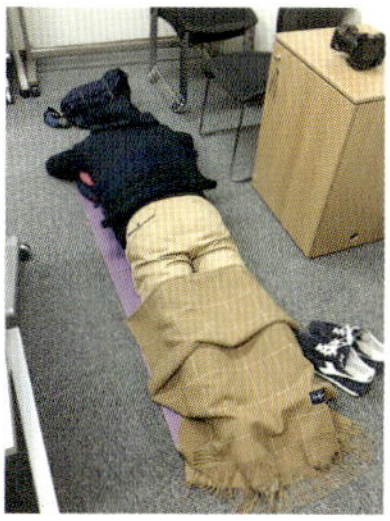

撮影中、
動けなくなった僕。
撮影先の会議室で

最東端アレコレ

　少し早く起きて、離島を除く最東端、納沙布岬へ。

　途中、根室車石やチャシ跡などを見学し、最東端も近づいてきたところにあるセイコーマート。

　店員さんに聞くと日本最東端のコンビニという。日本最東端のコンビニでコーヒーを購入。さらに少し行くと日本最東端の郵便局を発見。開いてなかったので写真だけ。

　ちなみに日が落ちてか

根室車石。
花咲岬にある
放射状節理構造の
玄武岩。
国の天然記念物

ら日本最東端のＪＲの駅「東根室」にも行ってみた。終着駅である「根室」の一つ手前。住宅街の中にある無人駅だが薄暗くて周囲が見えず、撮影は見送った。

　泊まったのは、中心部ではあるがちょっと古めかしいホテル。チェックインの時に朝食の予約が必要とのことで「洋食で」とお願いしていたところ、翌朝目の前に運ばれてきたのはパンとサラダと陶板焼き。取り合わせのおかしさにぎょっとしたが、フタを開けて納得。陶板焼きにされていたのは目玉焼きとソーセージだったのだ。

　別海・根室の撮影最終日、誕生日イブだった僕はロケバスの中で誕生日を迎える覚悟を決め、帰路の途中にコンビニでケーキを買い、ささやかなお祝いの準備をしていた。切ない話だけど、20年以上こうした生活を続けている。

日本最東端の郵便局
「珸瑤瑁（ごようまい）郵便局」。
根室市珸瑤瑁 1-43-1

日本最東端のコンビニ。
セイコーマートうちやま歯舞店。
根室市歯舞３丁目 4-1

花咲灯台。
遊歩道が続き、
その先の車石も
間近に見られる

コンビニで
ケーキを買ったが、
無事その日のうちに
札幌に着いた

長谷川圭介くん

　最後に、ロケハンの前後に取材先のコーディネートをしてくれたこの男の紹介もしておこう。

　長谷川圭介くん。本職はライターで、自著の書籍を３冊も出している彼のおかげで、見たこともない町のストーリーを想像することができた。

　度々ロケハンにも付き合ってくれるのだが、留萌ではかぶり物も引き受けてくれた。

増毛の千石蔵で
見つけた顔ハメ。
増毛ノロッコ号は残念ながら
2016 年で廃止に

留萌の観光案内所
「御勝手屋 萌」で
「KAZUMOちゃん」のかぶり物を
頼まれなくてもかぶってくれる
長谷川くん

自分の暮らす街を旅する

札幌のロケハンをどこから始めたのかというと定かではない。なぜなら、僕と藤倉が通い慣れたお店を撮影の舞台としていたからで、その詳細を決めたのは、二人の自宅の近くにあるサッポロ珈琲館 月寒店。番組が始まる前から最終回はこの店と決めていた節もある。ここで生まれたのが「Eatrip」なのだ。

僕ら二人は喫茶店が大好きで、なかでも純喫茶と呼ばれる少し懐かしい感じのするお店を見つけては通いつめていた。純喫茶の定義については他に譲るが、とりあえず店内で藤倉の写真を撮ると、街なかでは浮きまくる彼のファッションがなじむ傾向にある。まるで保護色のように気配を消す。藤倉は純喫茶の中では普通の人なのだ。彼の素顔に迫るには純喫茶で話を聞くといいと思う。

そんな店を選んではビロードのソファに腰掛けてタバコをくゆらし、二人で大事な話もくだらない話も、「そういえば…」と思いつく端から口にし、そこから整理されたアイデアが形になっていくことが多いのだ。

撮影で回った西岡公園は愛犬・ハルちゃんとの散歩コース

自分の事務所から眺めた札幌中心部。赤れんがからまっすぐ東に延びる道は、開拓の中心を担っていた

鈴木謙太郎

1973年生まれ。ディレクター。「Eatrip」の企画・監督。札幌を拠点にTV番組などの映像制作やクリエイティブ全般の企画や演出を手がける。FM局やポストプロダクションのライン編集マンなど多様な経歴を生かした映像作品制作が特徴。女性ミュージシャンをキャストにした紀行番組「Small Trip」（NHK札幌放送局）や近代建築家のドキュメンタリー作品など。叔父に日本放送作家協会理事だった故・横光晃。㈱プラチナミックス代表

藤倉 翼

1977年生まれ。有名雑誌主催のコンテストで受賞歴を持ち、札幌を拠点にスチールカメラマンとして活躍。動画撮影作品も多く、2010年にはカンヌ国際広告賞 金賞受賞作品の撮影に参加。同年、まだ黎明期だった一眼レフカメラによるTV番組撮影にも挑戦し好評を博す。一目でそれとわかるフレーミング、構図、そして自身のファッションでファン多数。http://www.tsubasafujikura.jp/

自分の部屋に北海道があるって素敵じゃないですか？

カントクとカメラマンの 旅土産

各地

ペナントとキーホルダー

温根湯温泉の道の駅で見つけたペナント。歴史ある温泉街の土産屋は必ずのぞくようにしている。最近はこうしたお土産品が少なくなってきて寂しい。－藤倉

根室

guild Nemuro で買った食器

徳島の陶磁器メーカー「SUEKI CERAMICS」のごはん茶碗と角皿を2つずつ購入。少しくすんだ色味はしっとりとしていて、和食器ながら洋菓子にもピッタリ。－鈴木

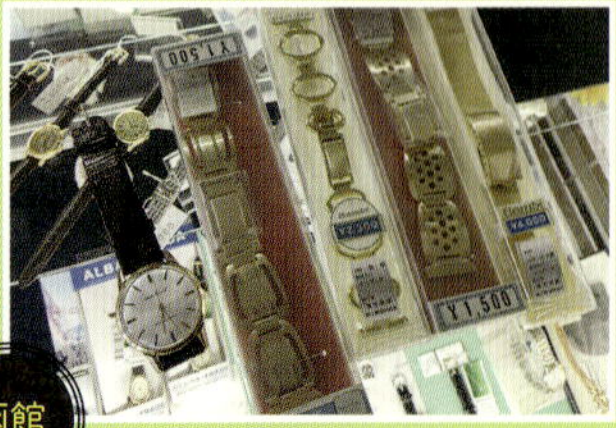

函館

腕時計のベルト

十字街の近くの雑貨屋さんでショーケースにあった腕時計のベルトを発見。値段も輝きも魅力的だった。－藤倉

留萌

ガラスの食器

留萌の観光案内所で、近隣のお母さんたちが持ち寄った日用品の中にあったもの。レトロな感じに惹かれた。「留萌の土産だよ」って話せば、みんな驚いてくれると思う（笑）。－藤倉

富良野

ベタなお土産用のキャップ

富良野地方の観光地にて購入。色が気に入って仕事でも被っていくが、若干本気で「それ、オカシイからやめろ」とカントクが怒ることがある。－藤倉

美唄

サイドボード

ロケハンの帰りに寄ったリサイクルショップで見つけた。今は撮影機材の収納に大活躍。なかなか凝った造形はこの時代のものならでは。－藤倉

札幌

札幌の地酒

札幌の地酒「千歳鶴」。出会いはお正月のお節と一緒にいただいたときだった。豊平川の伏流水で造ったお酒は、札幌で育った体に合うのだろう。－藤倉

むかわ

ししゃも

道の駅で購入した加工品。カラフトシシャモとは比べものにならない大きさで、旨味もたっぷり！ 道の駅には近隣の農家でとれた野菜などもあって地域のことを知るのに便利。－藤倉

根室

明郷の牧場で買った石鹸

道東を移動中にお昼ごはんで立ち寄った明郷の伊藤☆牧場のショップで購入したもの。セレクト商品だと思う。見た目が可愛くて買ったのだが、刺激が少なく香りが抜群に良い。－鈴木

砂川

CAFE MEDERUで買ったブローチ

ものづくり作家 chao さんの作品。陶器を砕き加工したもの。ステンレスのプレートは「guild Nemuro」で購入。－鈴木

根室

chikap のチーズ

根室のチーズ工房チカプで購入。試食して「ごはんのおかずになる！」と叫んだ「クミンシード入り」のチーズもおすすめ！－鈴木

安平

夢民舎のカマンベールチーズ

工場で丁寧に製造されている様子を撮影していてすっかり大ファンになった。地元や近郊の牛乳で作るチーズはなめらか。－藤倉

旅の本

旅先で開く本と旅する気持ちにさせる本
形のない思いを　本の中の一節が引き寄せる

旅の間、時間があれば読みかけの本を開くのが十代からの習慣だったという、カントクこと鈴木謙太郎が選ぶ旅の本。
旅先で出会った美しい景色や、一人で知らない町を歩く気分を表す言葉を引き寄せてくれるような本を中心にセレクト。
番組本編でも二作の詩集を紹介しているが、目の前に広がる、大きな美しい景色と対話するきっかけとして引用させてもらっている。
旅の途中で、旅の終わりで、または旅に行くきっかけになる一冊として。

〈イーハトヴ詩画集〉雲の信号

宮沢賢治・詩 黒井健・画

偕成社

天気に恵まれた真夏の十勝で、出演者のそらさん自身が選書したのが本作。番組では、地平線の彼方まで畑が続く広大な景色の中で朗読をした。

「いつも私自身がすごく忙しく過ごしているので、こうやってゆっくりぽか〜んて空を眺めることが普段はあまりないのですが、ゆっくりと十勝を旅するなかで、この詩が思い浮かびました」

宮沢賢治の詩に、「ごんぎつね」などで知られる絵本作家・黒井健が絵を寄せている。イーハトブ(イーハトーヴ)とは宮沢賢治が想像した理想郷のこと。岩手をモチーフにしたとされている。

詩ふたつ

長田弘 著

クレヨンハウス

番組で紹介した、長田弘とグスタフ・クリムトの詩画集。

あとがきで長田弘自身が紹介している通り、クリムトによる樹木と花々を中心にした風景画は、めぐる季節の変化に死と再生の物語を重ねている。

番組本編では、収められた2編の詩のうち「人生は森のなかの一日」を美しい花園で朗読した。草木が育ち、生命の宿る森となる過程の終わりに、満たされたように幕を下ろす人生の歩みが描かれている。

長田はエッセイなども数多く残していて、ヨーロッパの詩人たちの足跡をたどったものには、ふるさとを思う気持ちに気づかされる。

亜細亜ふむふむ紀行

群ようこ 著

新潮文庫

何気ない日常を幾重にも感情が重なる物語に書きあげる人気作家・群ようこの、お仲間を連れ立って訪れたアジア旅行記。

にぎやかなご一行が旅先で満喫する様子をユーモアいっぱいに描く本書は一気に読めるうえ、読後に何かをズルズルと引きずるようなこともないので、それこそ旅のおともにぴったり。

旅も食事も、誰と一緒に楽しむかが大事だと教えてくれる。一人旅の孤独から自分や自分を取り巻く社会と向き合うことを目指した今回の番組とは正反対だが、楽しい仲間たちとの旅もそりゃあ楽しいものだから。

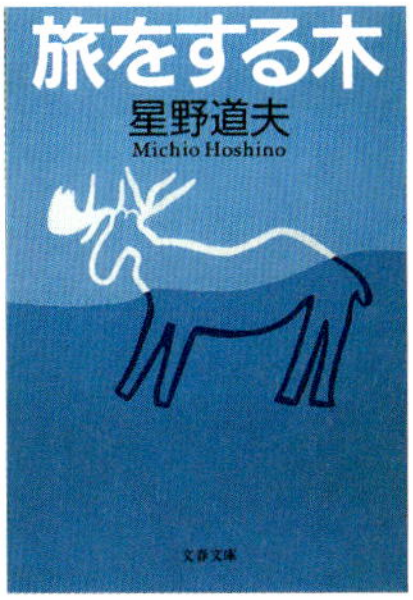

旅をする木

星野道夫 著

文春文庫

カムチャツカ半島でのテレビ番組の取材中、ヒグマに襲われ命を落とした写真家・星野道夫のエッセイ。

アラスカで暮らし、その地を愛した著者が美しくも厳しい自然の中で生きるイヌイットの姿を印象的な言葉でつづる。

写真家にして写真を伴わず、言葉の一つ一つで透明な空気と張り付くような寒さを感じさせる名著で、極北の地を知ったような気持ちになる。

番組「Eatrip」では客観的な視点を忘れず、主観的に語る一人称のナレーションを目指したが、それは本書の影響が大きいかもしれない。

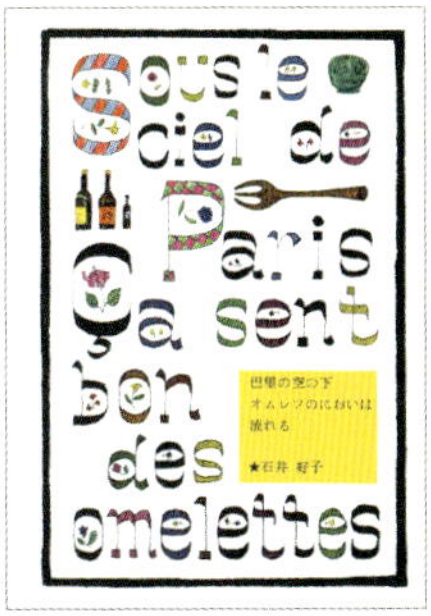

巴里の空の下 オムレツのにおいは 流れる

石井好子 著

暮しの手帖社

1963年初版が発行されて以来、今も愛され続けている料理エッセイ。1963年度第11回日本エッセイスト・クラブ賞受賞作品。

シャンソン歌手としてパリで生活していた石井好子が描く冒頭のオムレツ作りの描写は、タイトル通り匂いが立ち込めそうなほどだ。

他にもレビューの仲間たちと食べたグラタンや、いろんな国々で食べた料理、思い出などを軽やかに語る。

友人のすすめで買ってからしばらく経つが、食をテーマにした番組を始めるにあたり、改めて読み込んだ本。

Eatripを支えた
音楽のチカラ

劇伴担当 新田あつこ× **カントク** 鈴木謙太郎

「Eatrip 北海道・おいしい一人旅」で
音楽を担当した新田あつこさん。
カントクと新田さんの関係は一緒にバンド活動をしていた頃から数えて
ゆうに10年を超える。
今も音楽活動を続ける彼女に番組の音楽（劇伴）を依頼したのは
HBCアナウンサーが出演していた2013年放送の「Eatrip」から。
今シリーズで使用した音楽も
そこでのリレーションが基本になっていた。

＊劇伴＝映画、テレビドラマ、演劇、
アニメで流れる伴奏音楽のこと

新田あつこ
札幌出身。十代からバンド活動を開始。歌のみならず、ピアノやギター、ベースなどの演奏もこなす。ラジオパーソナリティやCMナレーション、CM楽曲の提供やTV番組のBGM制作などで活動中。ライブや音源などの情報はホームページで。
http://www.atsukonitta.com

始まりは「スクラップブック」と「大人の女性の一人旅」のイメージ作りから

鈴木　最初、まずは5曲くらいって頼んでいたんだよね！季節の変わり目に合わせて足していこう、と。今回、一番最初に作ったのはどの曲？

新田　最初は、まず前回（2013年のシリーズ）の曲のアレンジから始めたんです。それが番組のエンディングで使っている曲。ちょっとおもちゃっぽい雰囲気になったので、もう一つしっとりとしたジャズアレンジも試してみました。それが最初ですね。

鈴木　ジャズアレンジの方は、劇中で出演者に気付きがあったりしたときに使ってるものだね。

クラシック音楽を現代的なポップ感覚で解釈した、土や風の匂いのする音楽

鈴木　オープニングに使ったマーチングっぽいアレンジの可愛い曲は新曲だよね？番組の音楽を頼むちょっと前に、あっちゃんに聞かせていたヴィンス・ガラルディのスヌーピーのテーマソングの影響だと思っていたんだけど（注 ヴィンス・ガラルディ「OH GOOD GRIEF」収録「Linus and Lucy」）。

新田　実はそうでなく、前回のシリーズに着手する前に謙太郎さんから聞かせてもらっていたグレン・グールドのバッハやコチシュ・ゾルターンのバルトーク集が元になったんです。

鈴木　コチシュのバルトーク集はハンガリーの民俗音楽をピアノソロで収録したものだけど、旅の背景にフィットすると思ったんだよね。BGMにクラシック音楽となると重厚になっちゃうイメージが一般的にあるだろうけど、フォークミュージックだし、リズムは跳ねているし、テーマになるメロディも短いフレーズが多いからイメージしやすいはずと思って。

新田　劇中のしゃべりの部分で背景として流れても、ピアノ曲なら歌ものよりも邪魔にならないだろうし、どんな曲が求められているのかもイメージしやすかったですね。

劇伴の楽しさは、映像とシンクロした瞬間の感動

鈴木　少しメロディをシンプルにしてもらったり、和音や楽器構成をシンプルにしてもらったりと、かなりそぎ落とす方向で指示を出していた気がするんだけど、それは音楽家として嫌な感じでなかった？

新田　あくまでも番組を一番として考えて作り、それに対して謙太郎さんがイメージしてるものに近づけるのが大事だと思うのでそこに抵抗はなかったです。逆に必要とされてるもの以上のものを作らないと！という感じでした。

鈴木　音楽ができてきてからは、逆に撮影のイメージも具体化されていった感じだったよ。自分の曲がTVで流れているのを見るとどんな感じだった？

新田　ヨシ！っていつも思ってました（笑）。

2015年7月のHBC赤れんがプレミアムフェストではライブで劇中曲を披露

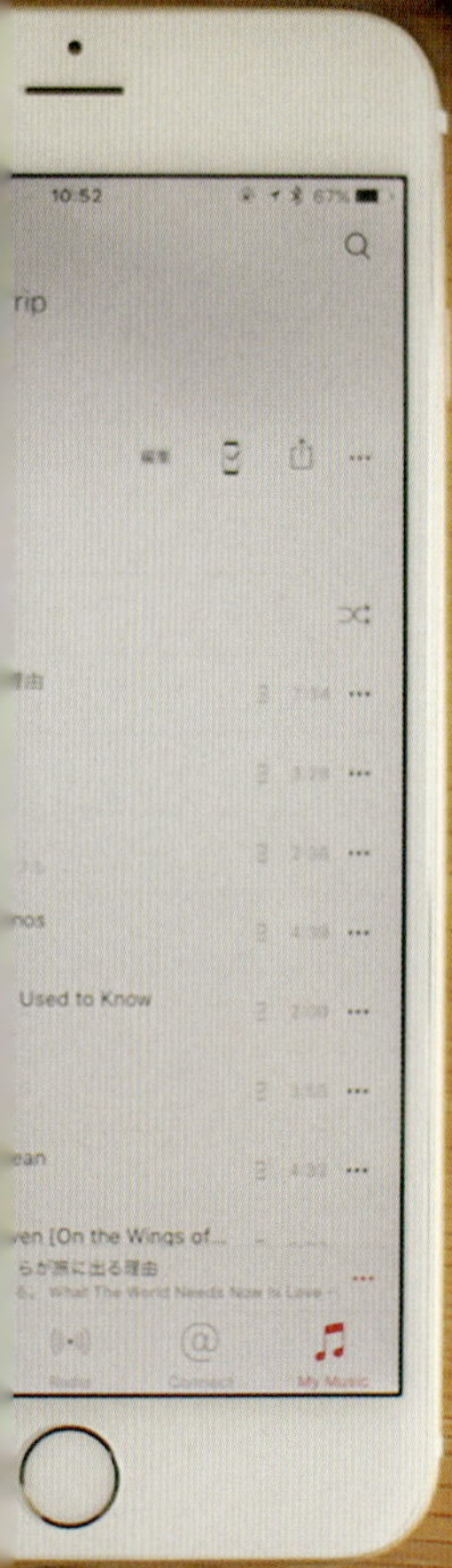

「旅の BGM10 曲」鈴木謙太郎のセレクション

旅を終えたら、香りのいい紅茶を淹れて、
撮った写真を眺めたりしながら聞いてほしい 10 曲

1. ぼくらが旅に出る理由 / 野宮真貴 / 世界は愛を求めてる。
   What The World Needs Now Is Love ～野宮真貴、渋谷系を歌う。～
2. Am I Forgiven? / Rumer / Seasons of My Soul
3. As Tears Go By / Marianne Faithfull / As Tears Go By
4. Lo Que Construimos / Natalia Lafourcade / Hasta la Raíz
5. Somebody That I Used to Know / Elliott Smith / Figure 8
6. Care of Cell 44 / The Zombies / Odessey and Oracle
7. Sprout and the Bean / Joanna Newsom / The Milk-Eyed Mender
8. Little Trip To Heaven（On The Wings Of Your Love）/
   Tom Waits / Closing Time
9. くちなしの丘 / 原田知世 / music & me
10. Stay (Faraway, So Close!) / U2 / ZOOROPA

iTunes でプレイリストを共有できます。
https://itunes.apple.com/jp/playlist/eatrip/idpl.bc5cbd07aaf948e69da955aa12aa4524

「旅の BGM10 曲」音楽担当・新田あつこのセレクション

自分探しに出かける女性の一人旅をイメージして選曲。
旅する人のすぐそばで鳴っていてほしい音楽

1. Southbound Train / Graham Nash & David Crosby / Graham Nash & David Crosby
2. April Come She Will / Simon & Garfunkel / Sounds of Silence3.
   It's a Happening World / The Tokens / It's a Happening World
4. Boa Noite Amor / Elis Regina / Elis
5. Sambinha Bom / Mallu Magalhães / Pitanga
6. Everything I've Got Belongs to You / Charlie Byrd / Um Abraço No Bonfá
7. Le Métèque / Georges Moustaki / Le métèque
8. Carnivalse / Chilly Gonzales / Solo Piano
9. Where Is My Love / Cat Power / The Greatest
10. Happy Trail / 大橋トリオ / THIS IS MUSIC

iTunes でプレイリストを共有できます。
https://itunes.apple.com/jp/playlist/lu/idpl.aaf99f81438e49bbbe2a977f97a887e2

本書を書き終えて　――旅はいつまでも続く

数年前の朝、父が亡くなり、旅支度を整えて納棺される様子を見ながら「僕らには旅をする理由がある」と、どこかで聞いたフレーズを頭の中で繰り返していました。

２０１３年の夏、カメラマンの藤倉翼と回った美瑛で芽生えた思いをもとに「車窓に映るのは食材が描いた景色」と記した企画書から生まれた「Eatrip 晩秋の十勝」は、同年の秋と翌年のはじめに特別番組としてＨＢＣ北海道放送で放送されました。

２０１５年夏に、ＨＢＣとＢＳ12トゥエルビの共同製作番組となり、全編４Ｋ撮影による全25回放送を開始。絵本作家のそらさんを出演者に迎え、北海道の美しい景色と食に関するあらゆることから地域性を描き出す紀行番組を目指しました。そしてこの度、番組で行ってきたこと、出会った人、おいしい食べ物を一冊の本にまとめることになりました。あなたの旅のお役に立つことができれば幸いです。

本書発刊にあたって、まず取材先の皆様に感謝いたします。掲載のご了解を頂いたうえ、書籍化を一緒に喜んでも頂けました。ＨＢＣ北海道放送、ＢＳ12トゥエルビの皆様には、番組だけでなく、本書の執筆の機会を与えていただきまして、とても感謝しています。動画も写真も撮影を担当してくれた藤倉翼、彼の撮影した４Ｋの動画キャプチャー画像を写真となじむように調整していただいた印刷のアイワードさん、そして、慣れない僕を導いてくれた編集の横山百香さん、デザインの江畑菜恵さんにもお世話になりました。

最後に、この本を手にとってくれた皆様に最大限の感謝の気持ちを込めて。

２０１６年９月

「Eatrip」企画・監督　鈴木謙太郎

書籍化にあたって　―― 食と土地を巡る旅で感じたこと

取材で北海道各地を訪ねると地域に根差した食べ物と土地と人々の物語に出会います。

この物語を旅人の目線で伝える番組を作りたいとここ数年考えていました。

こんな中、北海道の良さを発信する番組を作ろうという動きが社内にあり、そこで出会った企画が鈴木謙太郎氏の「Eatrip」です。鈴木氏の「北海道の風景は食べ物でできている。この風景と食を結ぶ番組を作りたい」という考えは私の思いと一致しました。

番組で訪ねた場所は食と土地と人々の物語がたくさんあふれています。根室や留萌地方など、これまでの旅番組では紹介されることが少ない地域が登場していますが、これらの地域には私たちが知らない物語が隠されていました。

そして、この物語を旅人の目線で伝えてくれたのは絵本作家のそらさん。そらさんには旅先で感じたことをスクラップブックに描いてもらい、番組に奥行きを与えて頂きました。読者の皆さんもそらさんの絵から番組で旅への思いをかきたてられたかと思います。

最後になりますが、番組の収録にご協力頂いた皆さんと北海道の風土を新たな視点で表現することに結集した番組スタッフ、そして、私たちが番組で表現した素敵な物語を本という形にしてくれた北海道新聞の皆さんに感謝します。

２０１６年９月

ＨＢＣ「Eatrip」プロデューサー　山根　恒

Eatrip番組スタッフ

出演
そら
ナレーション
宮地麻理子（HBCアナウンサー）
音楽
新田あつこ
演出・監督
鈴木謙太郎
撮影
藤倉　翼
録音
山内博貴
メイク
工藤麻椰
スタイリスト
石切山祥子
佐藤一樹
取材
長谷川圭介
MA
依本慎也
編集
伊藤維章
アシスタント
寅松敏史
坂井亨輔
金林里奈
車両
井内竜司
制作協力
株式会社プラチナミックス
プロデューサー
庄司　寛（HBC）
山根　恒（HBC）
池上直樹（BS12 トゥエルビ）

本書は、2015年7～12月に放送された、HBCとBS12 トゥエルビ共同製作の「Eatrip 北海道・おいしい一人旅」を再構成、再取材し、一部を新たに撮影して書き下ろしたものです。

＊4K映像を静止画に書き出した画像を使用しており、
　一部スチール写真も併用しています。
＊掲載の情報は2016年8月現在のものです。訪問する際は
　事前のご確認をおすすめします。

「Eatrip　北海道・おいしい一人旅」番組公式フェイスブック
https://www.facebook.com/eatripHokkaido/

Special thanks
金林里奈（株式会社プラチナミックス）、美唄市、北見市、
増毛町、江差観光コンベンション協会
文
鈴木謙太郎（株式会社プラチナミックス）
写真
藤倉　翼
※一部提供写真などあり
案内人・スクラップブック制作
そら
制作協力
BS12 トゥエルビ
ブックデザイン
江畑菜恵（es-design）
撮影協力
ろいず珈琲館（旧小熊邸）

Eatrip　北海道・おいしい一人旅

2016年9月8日　　初版第1刷発行

編　者　　HBC「Eatrip」製作班編
発行者　　鶴井　亨
発行所　　北海道新聞社
　　〒060-8711　札幌市中央区大通西3丁目6
　　出版センター（編集）TEL 011-210-5742
　　　　　　　　（営業）TEL 011-210-5744
　　http://shop.hokkaido-np.co.jp/book/

印刷・製本　　株式会社アイワード

ISBN978-4-89453-838-2